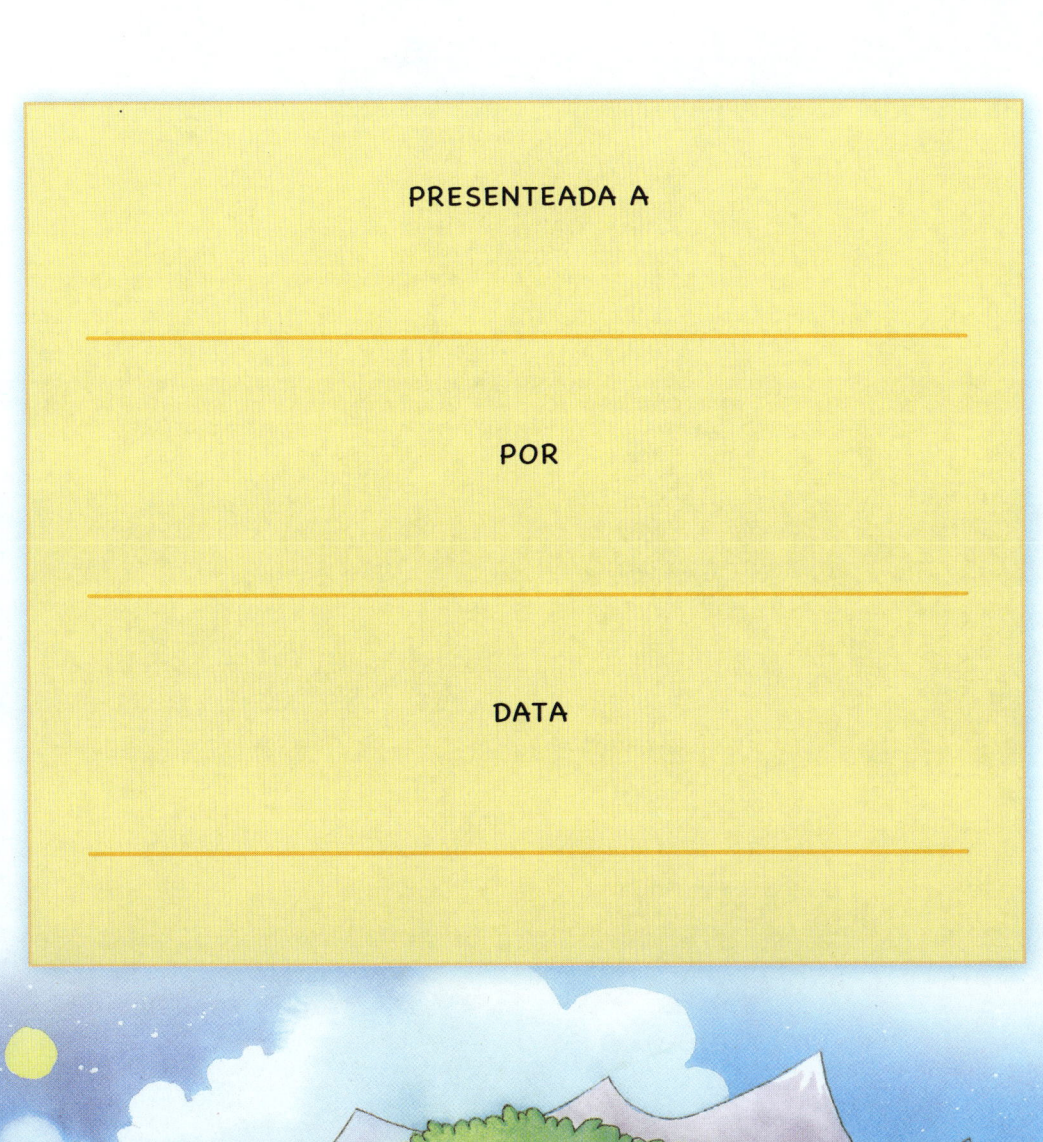

Bíblia
A MAIOR de todas as histórias

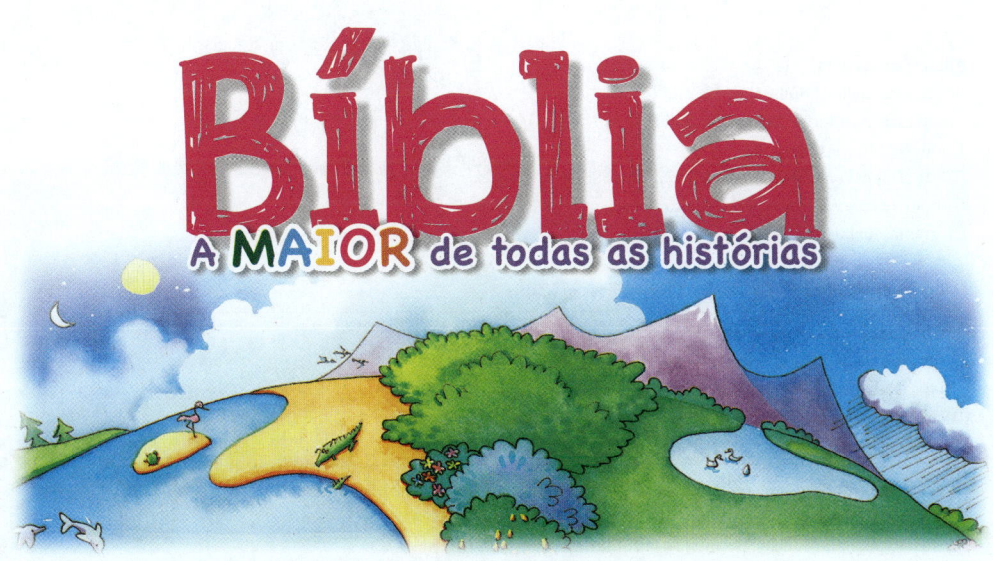

David Helm

Ilustrações por Gail Schoonmaker

The Big Picture Story Bible
Text and Illustrations Copyright ©2004 by Holy Trinity Church
Published by Crossway
a publishing ministry of Good News Publishers

This edition published by arrangement
with Crossway.
All rights reserved

Autor: David Helm
Ilustrações: Gail Schoonmaker
Coordenação editorial: Dayse Fontoura
Tradução: Elisa T. Castro
Edição: Dayse Fontoura, Lozane Winter, Thaís Soler
Direção de arte: Audrey Novac Ribeiro
Diagramação: Lucila Lis

Dados Internacionais de Catalogação na Publicação (CIP)

Helm, David e Schoonmaker, Gail
Bíblia, a maior de todas as histórias. Tradução: Elisa T. Castro — Curitiba/PR, Publicações Pão Diário.
Título original: *The big picture story Bible*
1. Bíblia   2. Vida cristã

Proibida a reprodução total ou parcial, sem prévia autorização, por escrito, da editora.
Todos os direitos reservados e protegidos pela Lei 9.610, de 19/02/1998.
Permissão para reprodução: permissao@paodiario.org

Exceto quando indicado o contrário, os trechos bíblicos mencionados são da edição Nova Tradução na Linguagem de Hoje © 2011 Sociedade Bíblica do Brasil.

Publicações Pão Diário
Caixa Postal 9740, 82620-981
Curitiba/PR, Brasil
publicacoes@paodiario.org
www.publicacoespaodiario.com.br
Telefone: (41) 3257-4028

Código: H4413
ISBN: 978-1-68043-283-1

1.ª edição: 2017 • 3.ª impressão: 2024

Impresso na China

Em memória de Daniel Mark Oster

29–31 de maio de 1997.

Para meus filhos —
Noah, Joanna, Baxter, Silas e Mariah;
e para as crianças de sua geração.
Que eles venham a conhecer por fé
o que Daniel já conhece por vista.
D. H.

Para meus pais,
que me apresentaram o Rei eterno
e me ensinaram a amar Seu santo livro.
Que seu trabalho fiel pelo reino
continue a dar frutos em futuras gerações.
G. S.

SUMÁRIO

Agradecimentos 11

Antigo Testamento

Parte 1   O começo muito bom 13
Parte 2   Um dia muito triste 35
Parte 3   A vida fora do jardim 49
Parte 4   A grande promessa de Deus 65
Parte 5   O povo de Deus começa a crescer 81
Parte 6   O povo de Deus se torna poderoso 101
Parte 7   O grande sinal de Deus 121
Parte 8   Indo ao lugar de Deus 139
Parte 9   As bênçãos de Deus aumentam 165
Parte 10   Outro dia muito triste 185
Parte 11   A promessa de Deus ainda existe 209

Novo Testamento

Parte 12	Muitos anos de silêncio	227
Parte 13	Nasce o Prometido de Deus	241
Parte 14	O Prometido de Deus é anunciado	257
Parte 15	Deus chama um povo novo	269
Parte 16	Jesus restaura a casa de Deus	285
Parte 17	Jesus revela o reino de Deus	305
Parte 18	Um homem cego é curado	321
Partea 19	Um homem morto volta a viver	335
Parte 20	Jesus com a coroa majestosa de Deus	357
Parte 21	Os seguidores de Jesus se sentem perdidos na escuridão	373
Parte 22	Um novo dia	381
Parte 23	Explicando a promessa de Deus	395
Parte 24	O novo reino de Deus se espalha	411
Parte 25	Cartas que ensinam a viver	425
Parte 26	O final muito feliz	435

AGRADECIMENTOS

Gostaríamos de agradecer a Lane Dennis por seu firme comprometimento com este livro. O desenvolvimento deste projeto e seu manuscrito foram realçados graças à aguçada edição de Lila Bishop e à atenção de toda a equipe da Crossway Books. A arte deve muito aos inestimáveis *insights* de David LaPlaca. Obrigado por seu generoso envolvimento, suas sugestões cuidadosas e seu infindável encorajamento. Além disso, estamos em dívida com Graeme Goldsworthy, que, no início, nos ajudou a ter um vislumbre da Bíblia ao longo do relato do "povo de Deus na casa de Deus sob o governo de Deus". À miríade de amigos e familiares cuja assistência e o encorajamento nos estimularam: muito obrigado! Entre eles estão: Stephanie, Lanelle, Amanda e Elda cujos bebês ficaram sentadinhos por centenas de horas para que Gail pudesse pintá-los. Finalmente, agradecemos em especial a Deus por nossos cônjuges, Lisa e Keith. Sem o seu suporte e encorajamento vitais, há muito teríamos vacilado.

ANTIGO TESTAMENTO

Parte 1

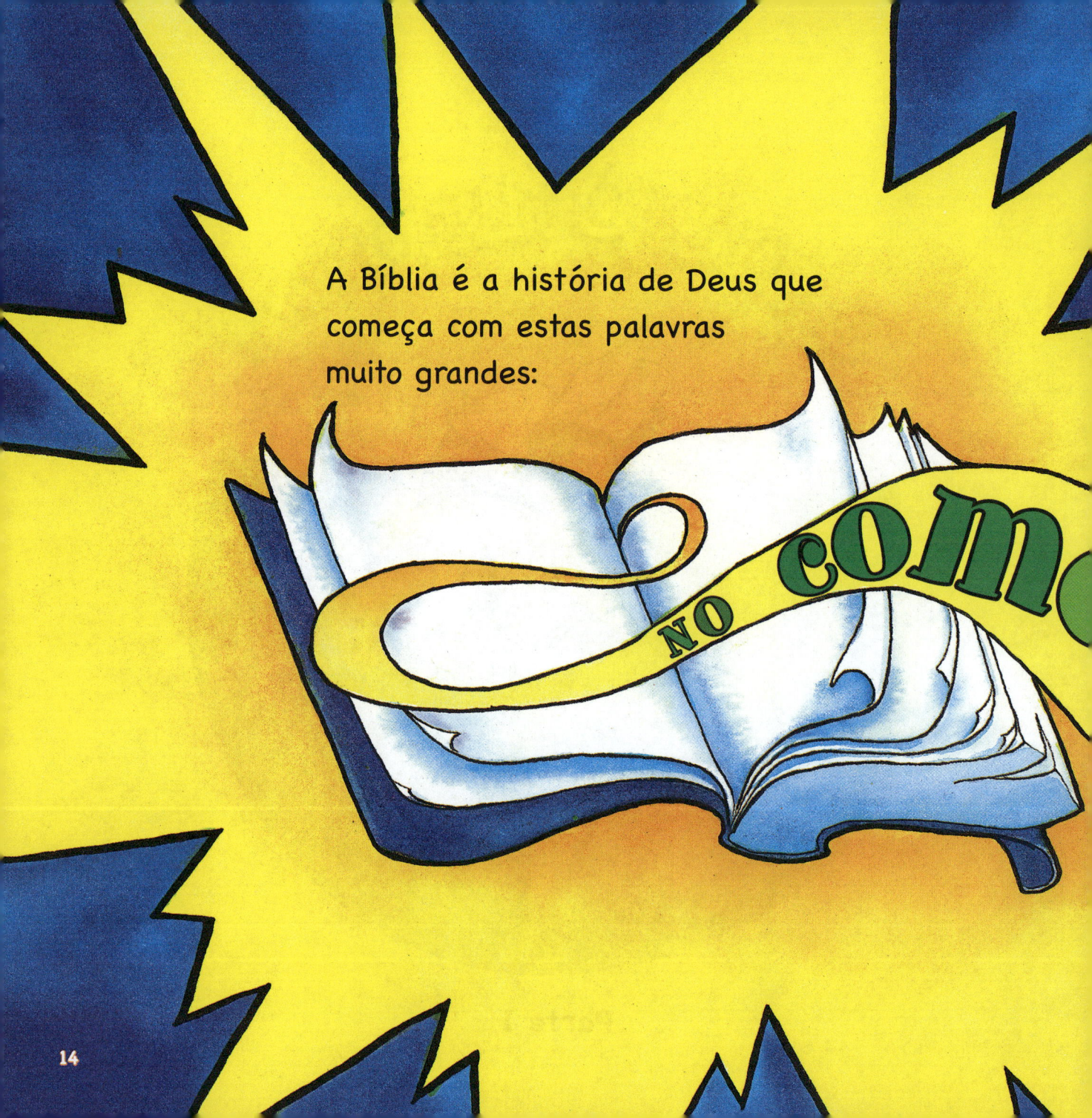

A Bíblia é a história de Deus que começa com estas palavras muito grandes:

Você sabe como Deus criou todas as coisas?

Ele simplesmente falou.
Imagine só, criar o mundo usando palavras!
Palavras fortes.
Palavras poderosas.

Deus criou tudo usando palavras! Ele fez as estrelas, o Sol e a Lua. Ele fez os animais, os peixes, as árvores e as flores também. Ele fez tudo!

Você está vendo Adão e Eva?

Deus colocou as pessoas que Ele criou no jardim do Éden. Elas foram criadas muito parecidas com Ele. Eles deviam governar o lugar criado por Deus.

Adão e Eva eram muito especiais para Deus. Você sabia que você também é muito especial para Deus? Você também é especial porque foi criado muito parecido com Ele!

Adão e Eva deviam ser muito, muito felizes por serem parecidos com Deus.

Deus também estava muito feliz.
Ele ficou feliz com o Seu mundo
e o Seu povo porque viu que
tudo era muito bom.

No começo de tudo,
todos sabiam que
Deus era muito bom.

Deus deu boas palavras a Adão e Eva para que eles obedecessem. Ele disse a eles que não podiam comer os frutos de uma árvore especial.

Veja só, Deus estava ensinando Adão e Eva que Ele era o seu Rei e que as pessoas deviam obedecer à Palavra de Deus.

Deus também disse que se Adão e Eva desobedecessem à Palavra de Deus eles com certeza iriam morrer.

Então, Adão e Eva, que eram o povo de Deus, moravam no lugar criado por Deus, o jardim do Éden. E eles governavam o mundo de Deus obedecendo à boa Palavra de Deus.

Você sabe o que aconteceu depois?

UM DIA MUITO TRISTE

Parte 2

Satanás se arrastou para dentro do lindo jardim. Ele parecia uma cobra.

Satanás odiava Deus. Satanás queria ser Deus. Satanás desafiou o povo de Deus a comer o fruto da árvore especial.

Ele falou que eles deveriam duvidar da bondade de Deus. E os desafiou a desobedecer a Palavra de Deus.

Ele lhes disse:
—Com certeza vocês não vão morrer.

37

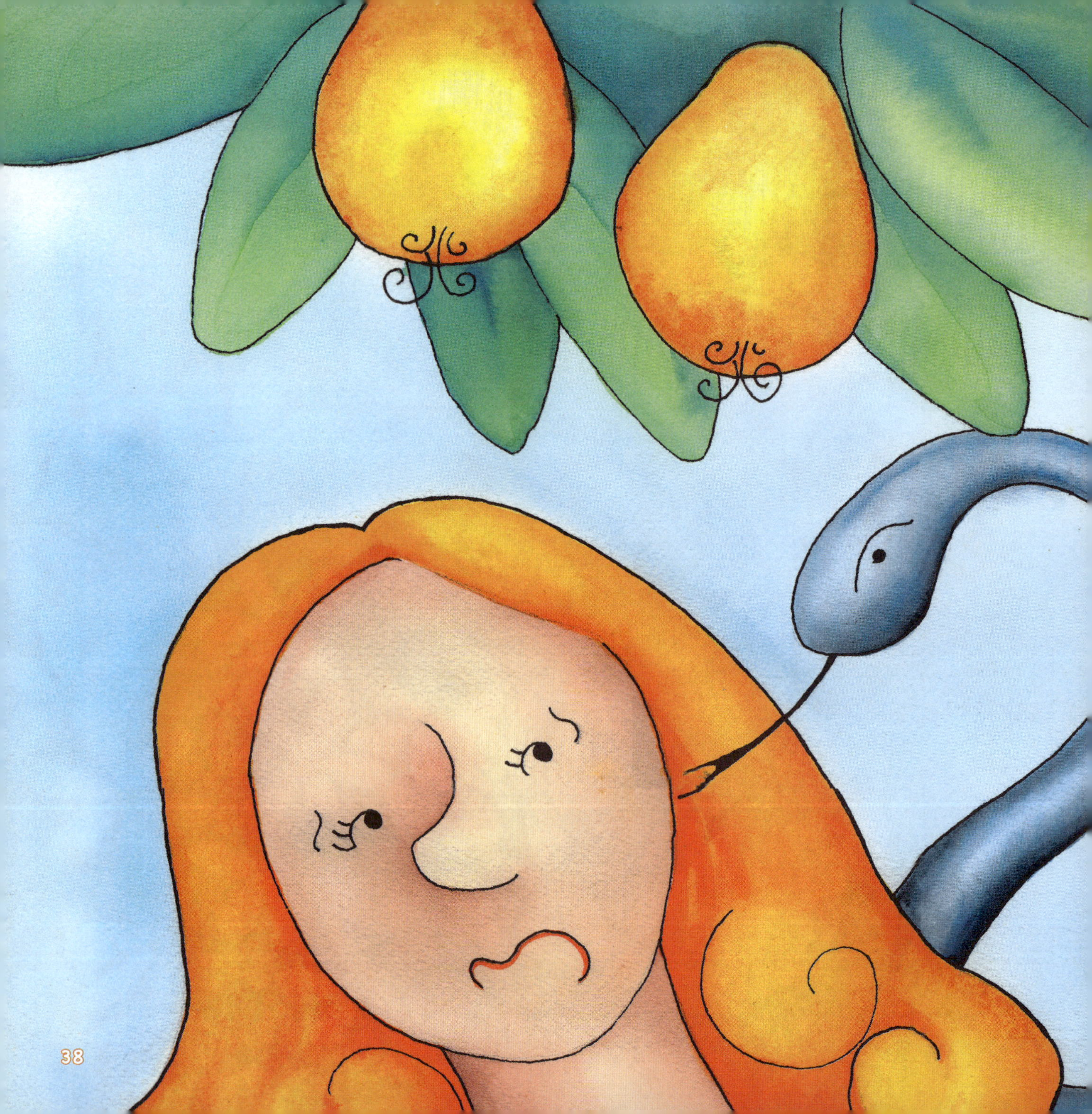

Agora Adão e Eva tinham que fazer uma escolha. Eles podiam obedecer à Palavra de Deus, ou podiam acreditar no que Satanás disse.

O que você acha que você faria? Você sabe o que Adão e Eva fizeram?

Adão e Eva escolheram duvidar da bondade de Deus.

Eles escolheram desobedecer à Palavra de Deus.

Eles não deixaram Deus ser seu Rei.

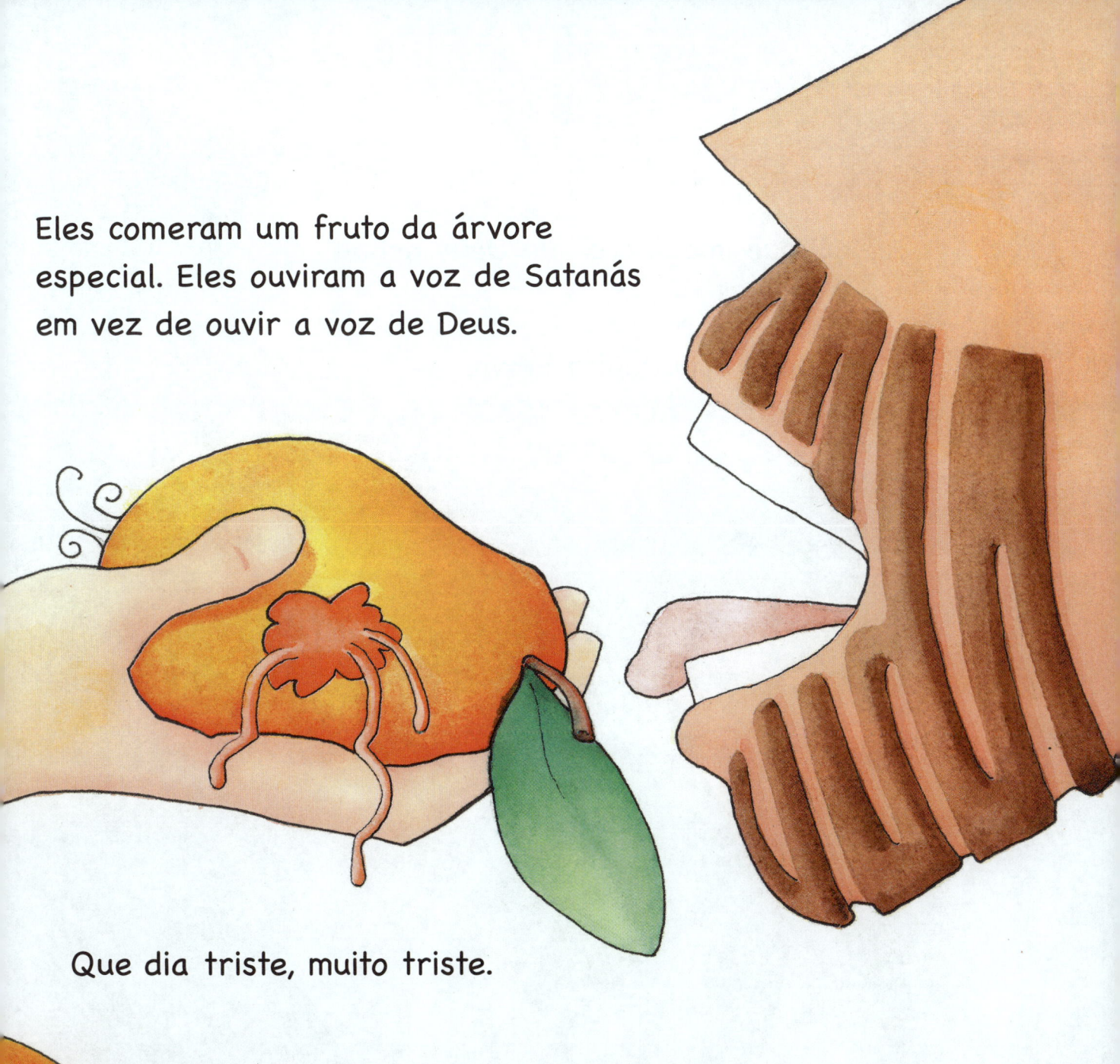

Eles comeram um fruto da árvore especial. Eles ouviram a voz de Satanás em vez de ouvir a voz de Deus.

Que dia triste, muito triste.

Você imagina o que Deus achou de tudo isso?

Deus ficou muito bravo.

Deus amaldiçoou a cobra.
Deus puniu Eva.
E Deus também puniu Adão.

Você sabe por que Deus precisou punir Adão e Eva?

Deus puniu Adão e Eva porque eles desobedeceram à Palavra de Deus. A Palavra de Deus deveria governar o povo de Deus e o lugar que Deus criou.

Você sabia que neste dia triste também houve notícias boas?

45

Deus deu uma dica a Adão e Eva de que não ficaria bravo com eles para sempre.

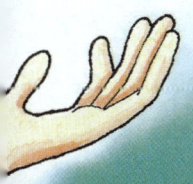

Deus prometeu que um dia alguém viria e acabaria com o poder que Satanás tinha sobre as pessoas.

Mas isso ainda iria demorar muito tempo. Neste dia muito triste, Deus fez Adão e Eva saírem do jardim.

A VIDA FORA DO JARDIM

Parte 3

Você lembra por que o povo de Deus teve que sair do jardim?

Deus levou Adão e Eva para fora do jardim do Éden porque eles desobedeceram a Deus e não aceitaram que Deus fosse seu Rei.

E tudo o que Deus disse que aconteceria se eles desobedecessem à Sua Palavra aconteceu mesmo.

Adão e Eva agora estavam separados de Deus e começaram a ter problemas um com o outro. Criar filhos era difícil. Encontrar comida era mais difícil ainda. E agora, seus corpos estavam envelhecendo porque a morte estava chegando.

A vida fora do jardim era terrível.

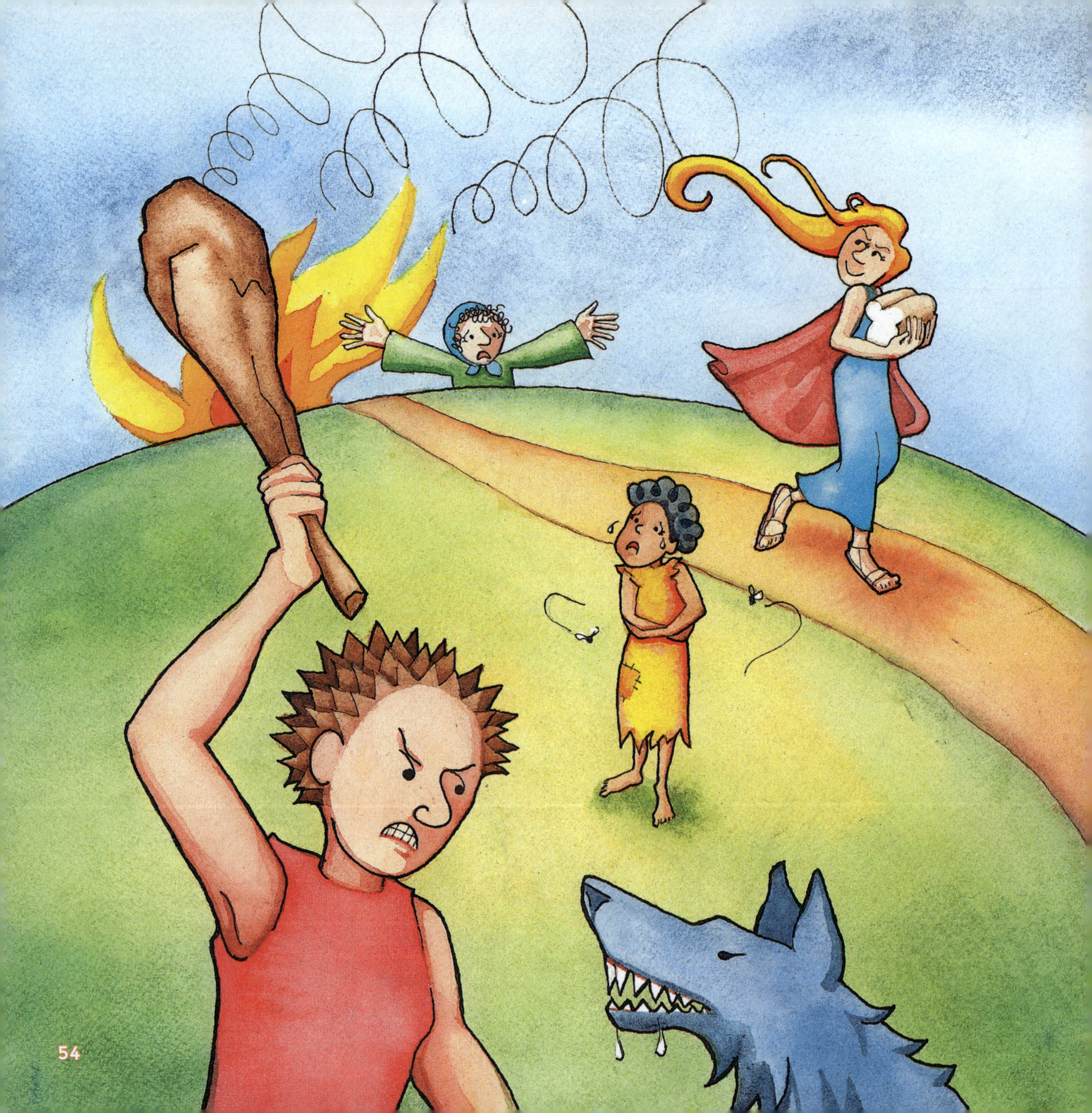

Agora Adão e Eva governavam o mundo de um jeito mau. E eles tiveram filhos que fizeram a mesma coisa.

Seus filhos, netos e bisnetos se afastaram de Deus.

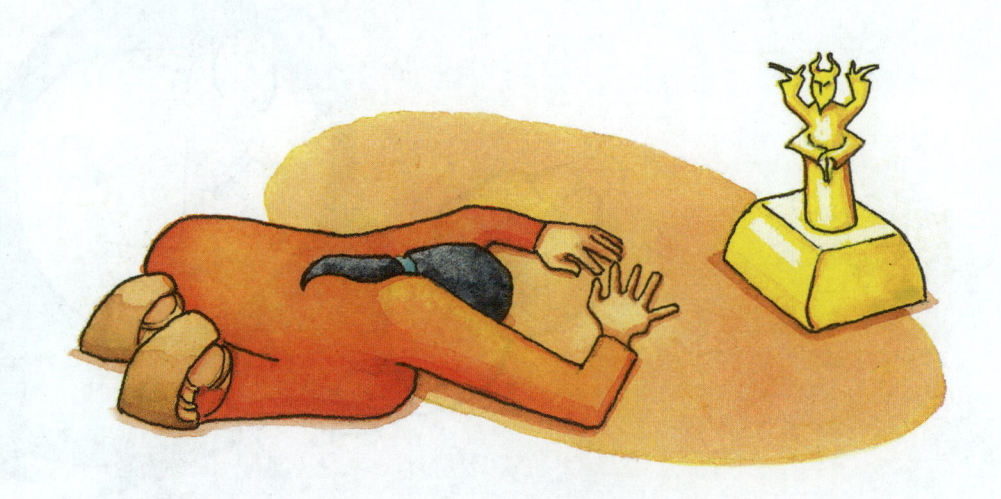

Fora do jardim todos duvidavam que Deus era bom.

Fora do jardim todos desobedeciam à Palavra de Deus.

Fora do jardim todos governavam o mundo de um jeito mau.

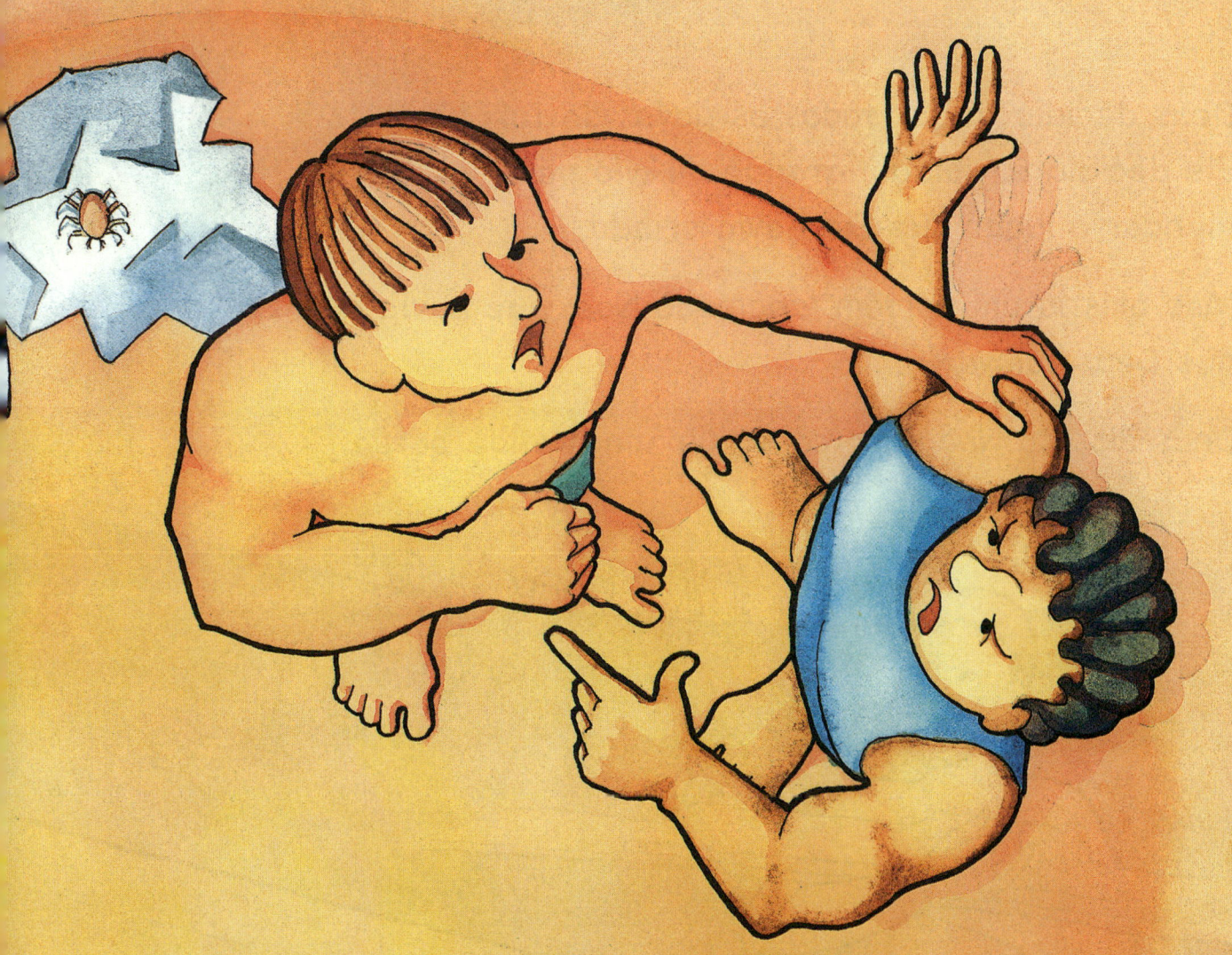

Isto deixou Deus muito triste.
Nenhum povo da Terra aceitou que Deus fosse seu Rei.

Então...

Deus decidiu julgar todos os povos da Terra. Ele decidiu enviar um grande dilúvio para inundar o lugar que Ele havia criado.

Mas existia um homem, chamado Noé, que ouvia o que Deus falava.

Deus disse a Noé para construir um grande barco.

Deus disse a Noé para colocar muitos animais no barco.
Deus disse a Noé para levar sua família para o barco.

E Noé fez o que Deus mandou.

E então...

Deus julgou o mundo.
Deus enviou um grande dilúvio de águas.
Tudo o que era vivo na Terra, morreu.

Mas Noé, sua família e os animais que estavam no barco não morreram.

62

Você sabe o que podemos aprender com esse dilúvio?

Deus julgará todas as pessoas que não o aceitam como Rei.

E você sabe o que o julgamento de Deus nos ensina? Todas as pessoas precisam da bênção de Deus.

E adivinha só! Deus prometeu exatamente isso!

Deus prometeu abençoar todos os povos da Terra!

A GRANDE PROMESSA DE DEUS

Parte 4

Muitos anos depois do diluvio Deus fez uma grande promessa.

Ele disse a um homem chamado Abraão:

—Vá... até o lugar que eu vou mostrar a você. E de você eu criarei uma grande nação... e por sua causa todas as famílias da Terra serão abençoadas.

Puxa! Que notícia boa!

Deus disse a Abraão para ir a um *novo lugar,* porque Deus ia criar um *novo povo,* para que as bênçãos de Deus se espalhassem a *todos os povos!*

Que grande promessa Deus fez a Abraão!

Abraão ouviu à Palavra de Deus, e fez o que Deus disse.

Abraão foi até a terra que Deus mostrou.

Você sabe como Abraão se sentiu quando chegou nessa terra?

71

Abraão sentiu medo.

Abraão não tinha certeza de como Deus cumpriria a promessa que Ele tinha feito.

Porque Abraão e sua esposa Sara eram muito velhos para ter filhos!

73

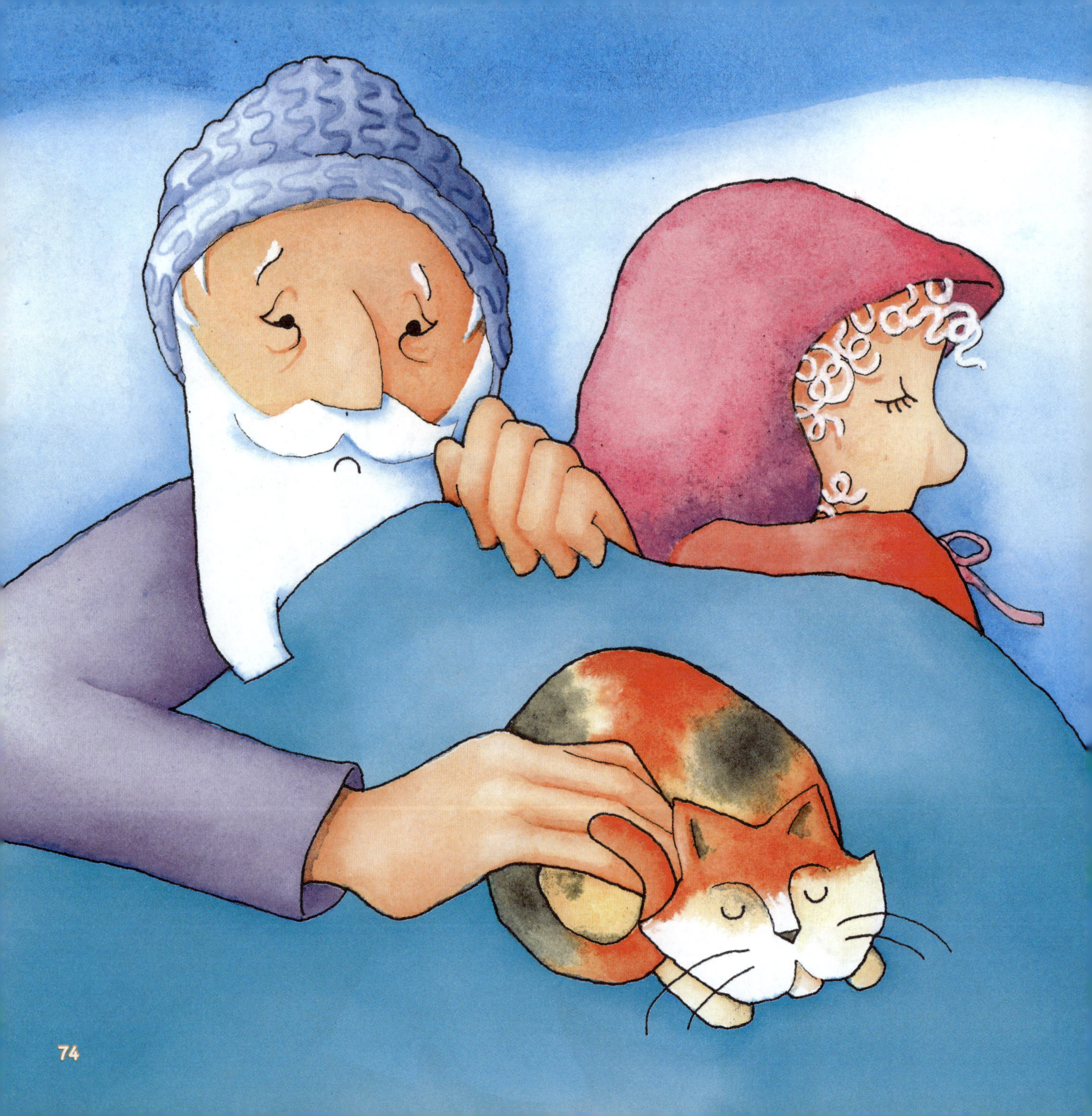

Uma noite Abraão pensou e pensou.
Como ele seria o pai de um grande povo
se ele não tinha nenhum filho?

E como ele se tornaria uma bênção
para todos os povos
sem ter filhos nem netos?

Deus sabia o que Abraão
estava pensando.

Deus falou com Abraão:

—Não tenha medo, Abraão.
Venha aqui fora olhar o céu da noite.
Conte todas as estrelas, se você
conseguir. Você vai ter muitos filhos,
assim como o céu tem muitas estrelas!

Então Abraão foi para fora da casa.
Abraão olhou para o céu da noite
e tentou contar as estrelas.

E então, uma coisa aconteceu.

Enquanto ele estava ali contando,
de repente...

77

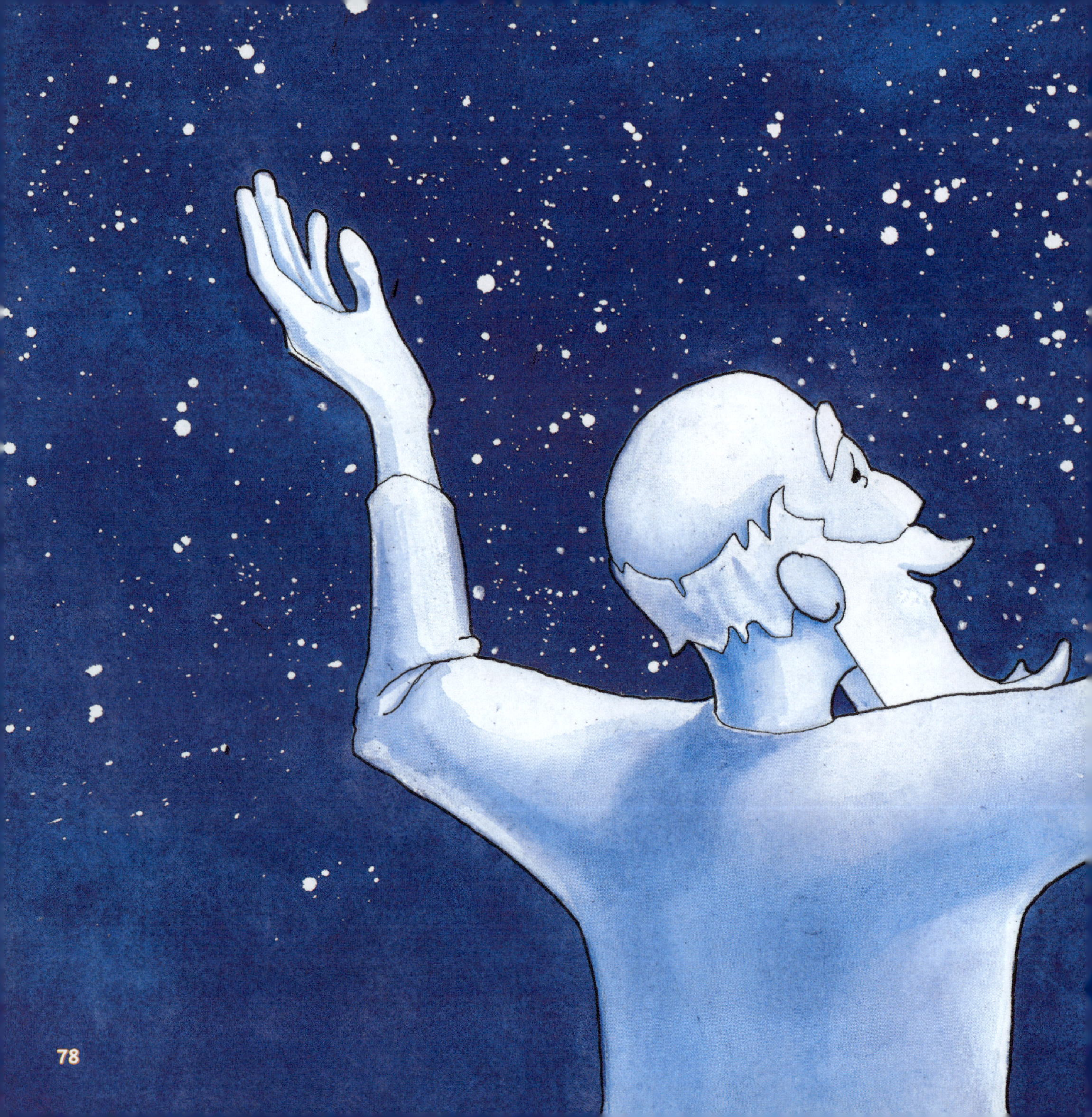

Abraão acreditou na Palavra de Deus!

Isso deixou Deus muito feliz.
A promessa de Deus era muito grande
e a fé de Abraão na promessa de Deus
também era muito grande.

80

O POVO DE DEUS COMEÇA A CRESCER

Parte 5

Finalmente aconteceu!

Deus cumpriu a promessa que fez a Abraão e deu a ele um filho chamado Isaque.

A promessa de Deus de criar um novo povo estava começando a crescer!

E assim a promessa de Deus foi passada de Abraão a Isaque.

Quando Isaque cresceu, Deus deu a ele
um filho chamado Jacó.
A promessa de Deus estava começando
a crescer e crescer!

E assim a promessa de Deus foi se cumprindo em Abraão,
em Isaque e em Jacó.

Quando Jacó cresceu
Deus deu a ele doze filhos!
Eles se chamavam: Rúben,
Simeão, Levi, Judá, Dã,
Naftali, Gade, Aser,
Issacar, Zebulom,
José e Benjamim.

A promessa de Deus estava começando a crescer, crescer e crescer!!! Mas enquanto o povo de Deus crescia...

Eles também se afastavam um do outro.

Todos os filhos de Jacó odiavam José, seu irmão mais novo. Eles fizeram uma coisa ruim. Eles colocaram José em um buraco no chão e depois o venderam para ser escravo em um lugar muito distante.

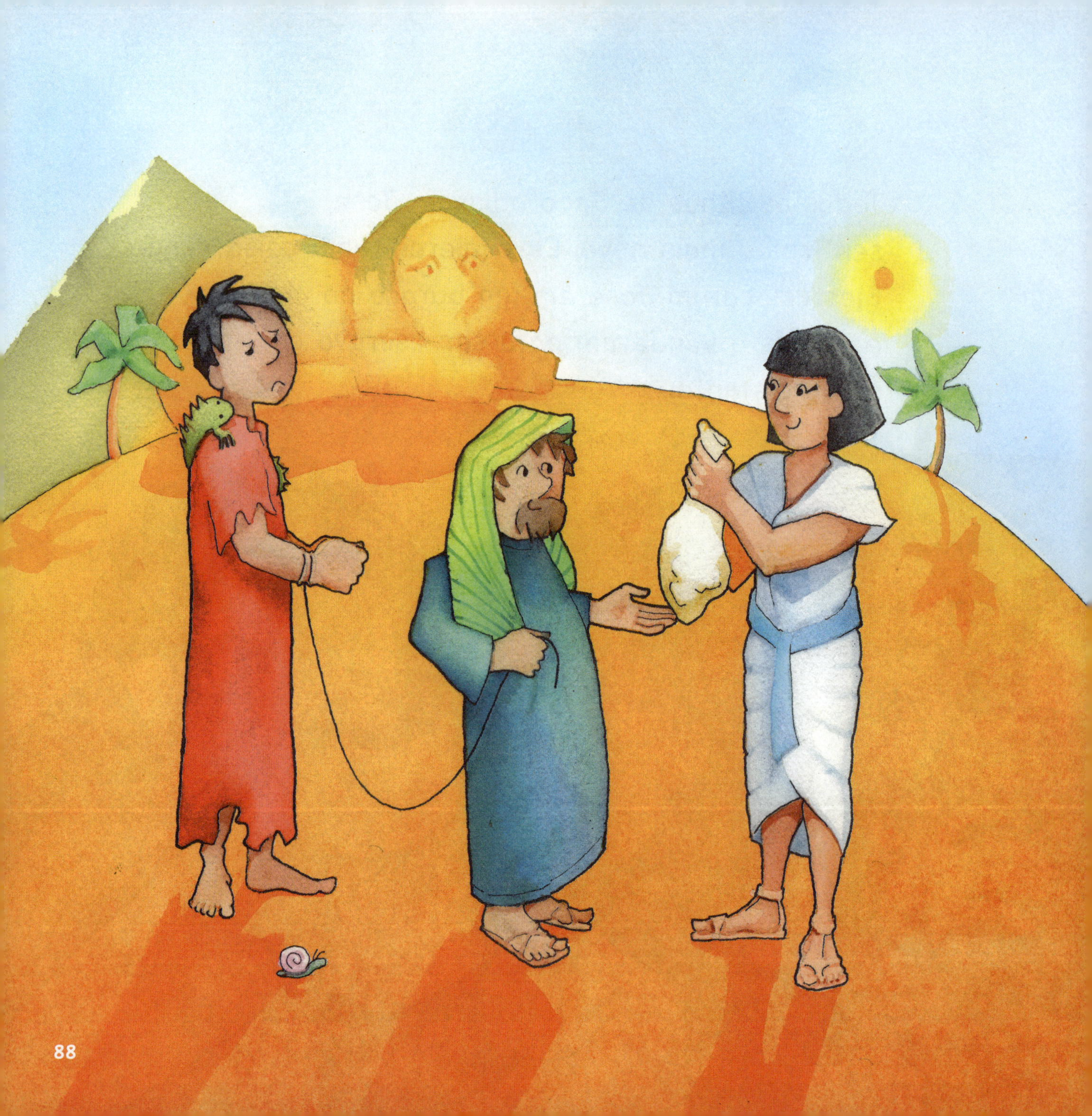

Isso é triste, não é? Você acha que José ficou sozinho nesse lugar distante chamado Egito?

Não. Ele não ficou sozinho.

Deus estava com José. E Deus ia usar essa situação triste que aconteceu com José para fazer uma coisa boa!

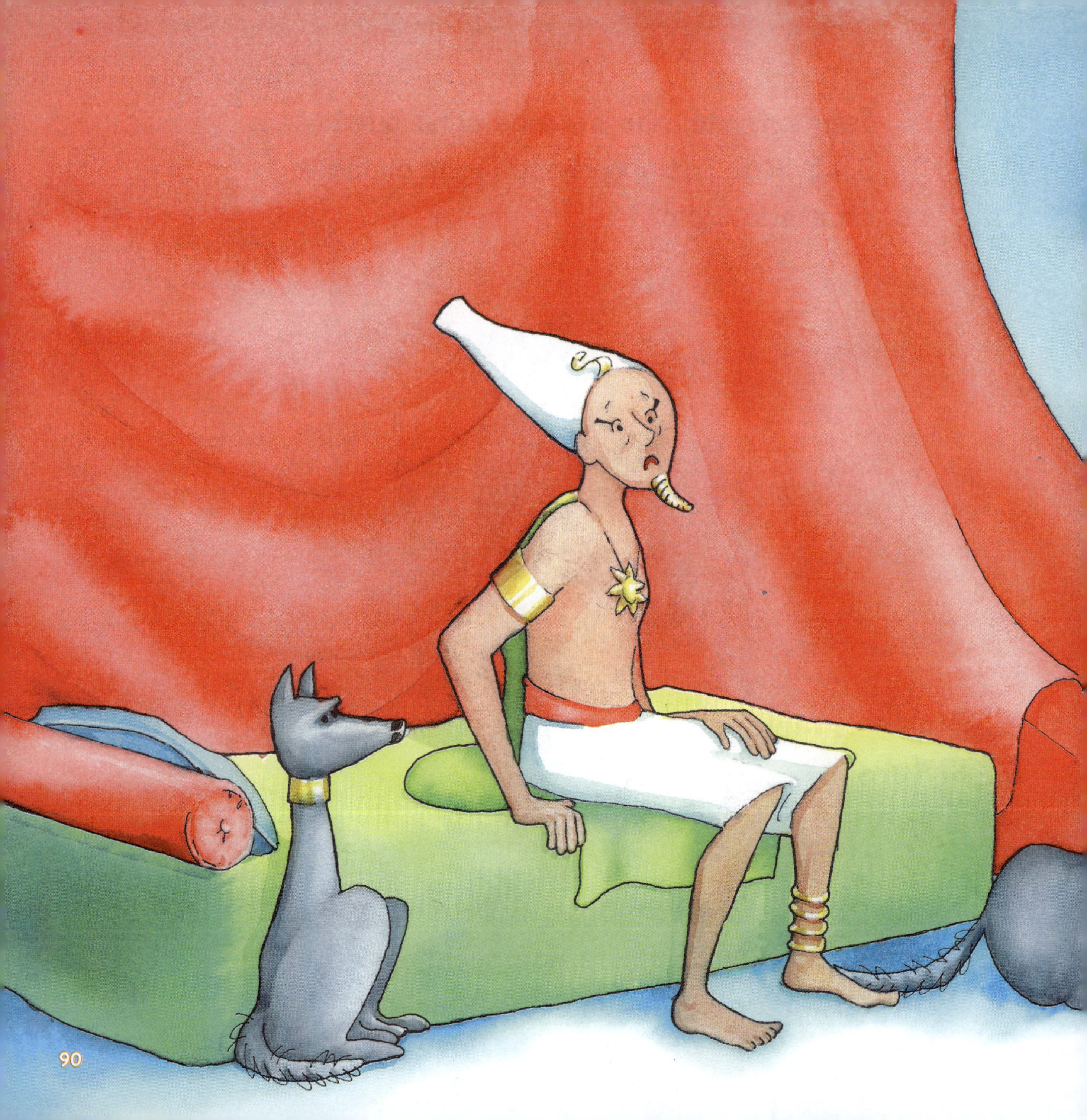

Deus mostrou a José que dali a alguns anos não haveria comida para todas as pessoas famintas na terra.
José acreditou em Deus.

E o Faraó, o rei do Egito, acreditou em José. Ele colocou José como responsável pelo reino e José ajudou o Faraó a guardar comida.

Chegou a hora da dificuldade, exatamente como Deus disse.

As pessoas vinham de terras distantes para comprar a comida que estava guardada no Egito. Elas estavam com fome, quase morrendo.

Quando o pai de José soube que havia comida no Egito...

Ele disse a seus filhos para irem até o Egito e comprar um pouco de comida. Então eles foram.

E José era agora um homem muito poderoso e reconheceu seus irmãos.
Mas eles não reconheceram José.

95

Depois de todos esses anos, José podia ter se vingado deles.

José podia ter vendido seus irmãos para serem escravos.

José podia ter matado seus irmãos.

Mas José não fez isso.
Ele deu comida a seus irmãos.
José perdoou seus irmãos.

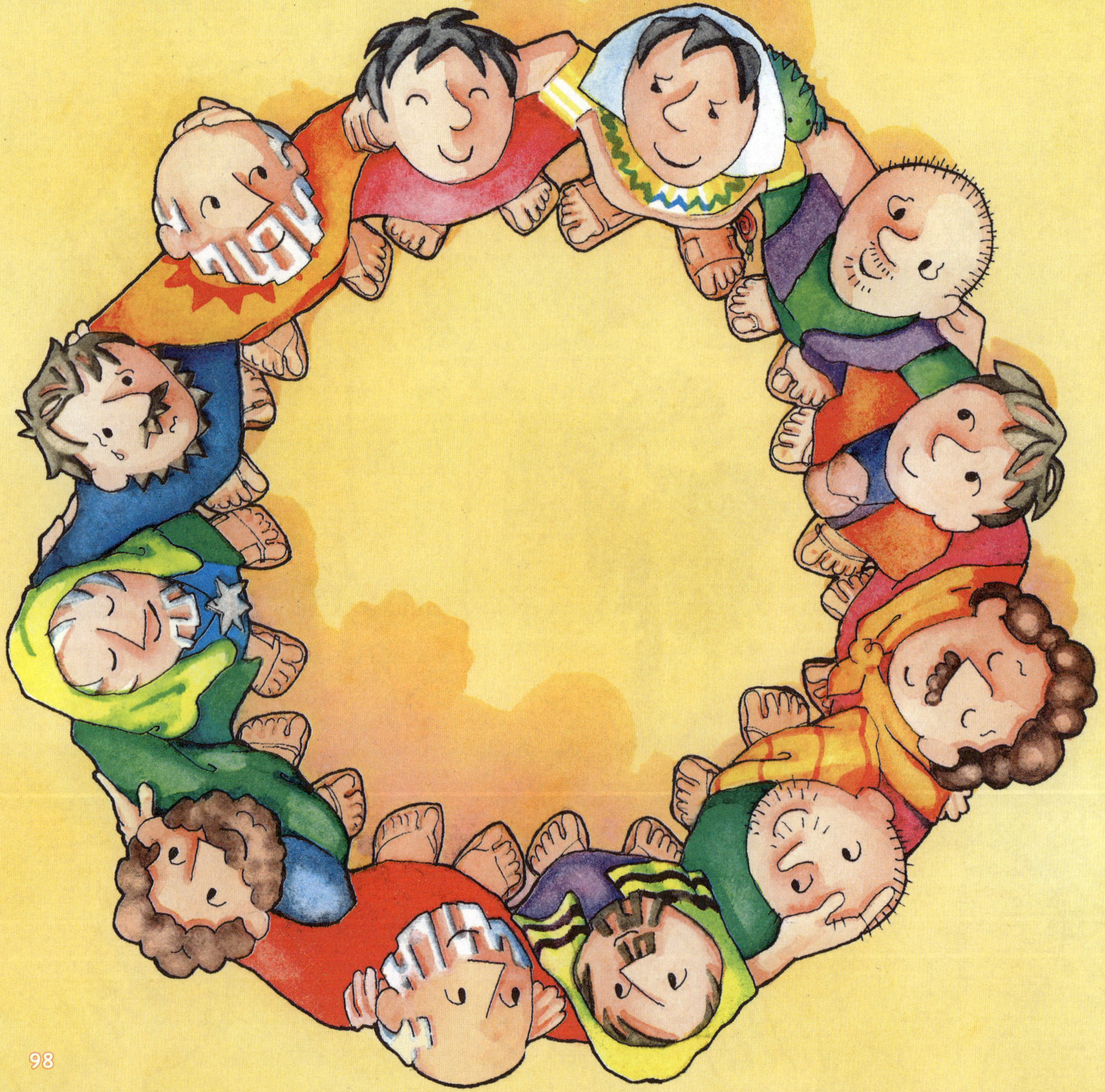

Ele disse a seus irmãos que não se preocupassem.

Ele disse a eles que Deus estava com ele no Egito.

Ele disse a eles que Deus o enviou ao Egito antes que tudo isso acontecesse para que o povo de Deus não morresse.

Logo a família de Jacó ia começar a crescer no Egito.

O POVO DE DEUS SE TORNA PODEROSO

Parte 6

102

Jacó se mudou com toda a sua família para o Egito.

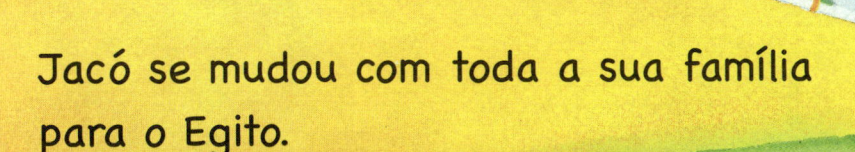

Eles fizeram as malas, colocaram as coisas nos camelos e nos jumentos e todos foram.

Jacó chegou primeiro.
Ele era o filho de Isaque e neto de Abraão.

Depois os filhos de Jacó chegaram.
E depois todas as suas famílias.

Setenta pessoas se mudaram para o Egito!

Agora a promessa de Deus de formar um grande povo estava crescendo mesmo!

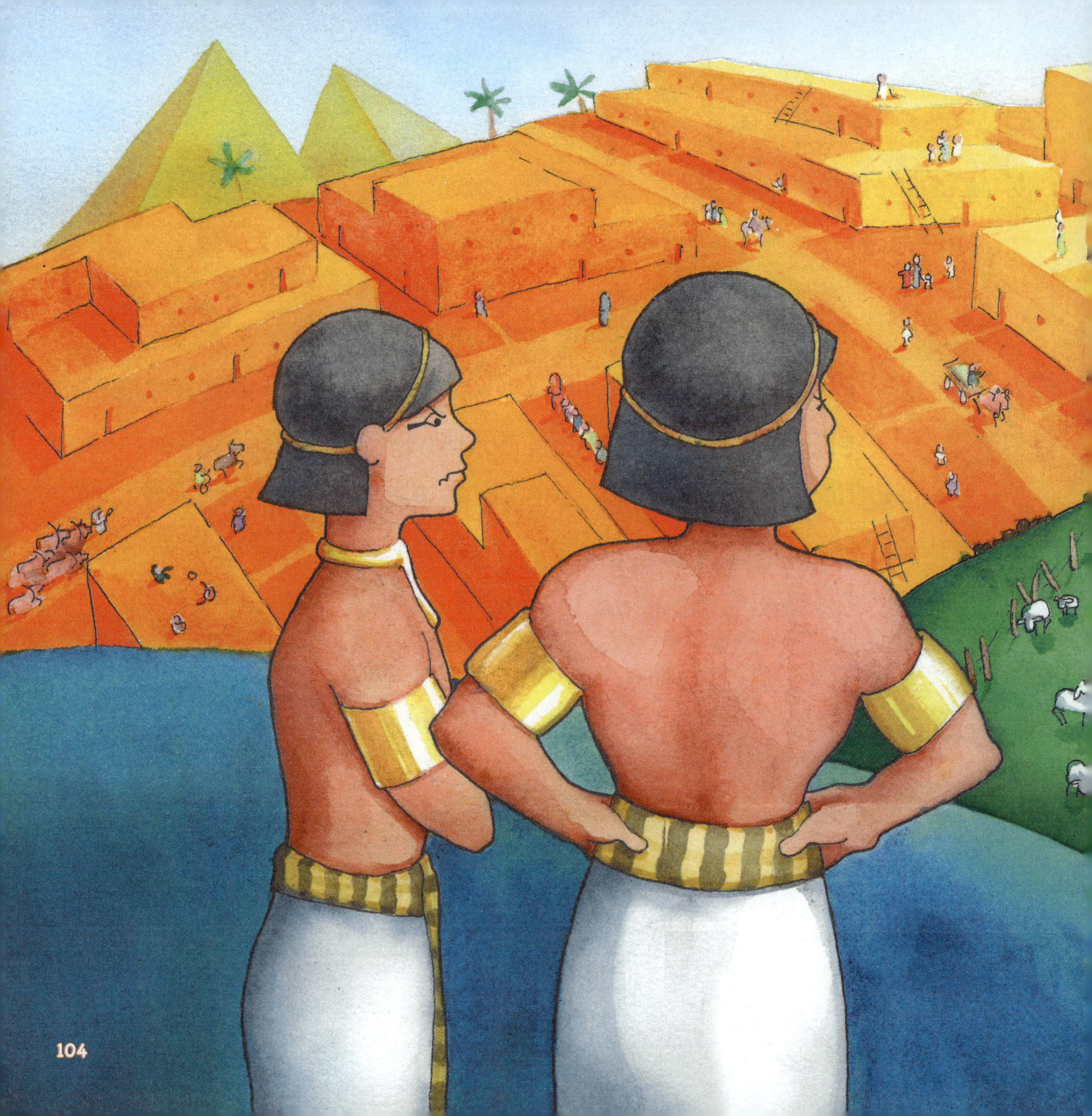

E a promessa de Deus continuou crescendo muito tempo depois da morte de Jacó e de seus filhos. Depois de 400 anos no Egito, o povo de Deus havia crescido muito e se tornado uma grande nação chamada Israel.

Na verdade, Israel tinha tantas pessoas que eles enchiam o Egito.

Você acha que os egípcios gostavam de ter todas essas pessoas de Israel morando no país deles?

Faraó, o rei do Egito, odiava o povo de Israel.
Faraó também odiava o Deus de Israel.

Então ele tratava o povo de Deus como escravos.
Ele fazia o povo de Deus trabalhar, trabalhar, trabalhar.

Ele era tão mau que até matou algumas pessoas do povo de Deus.

107

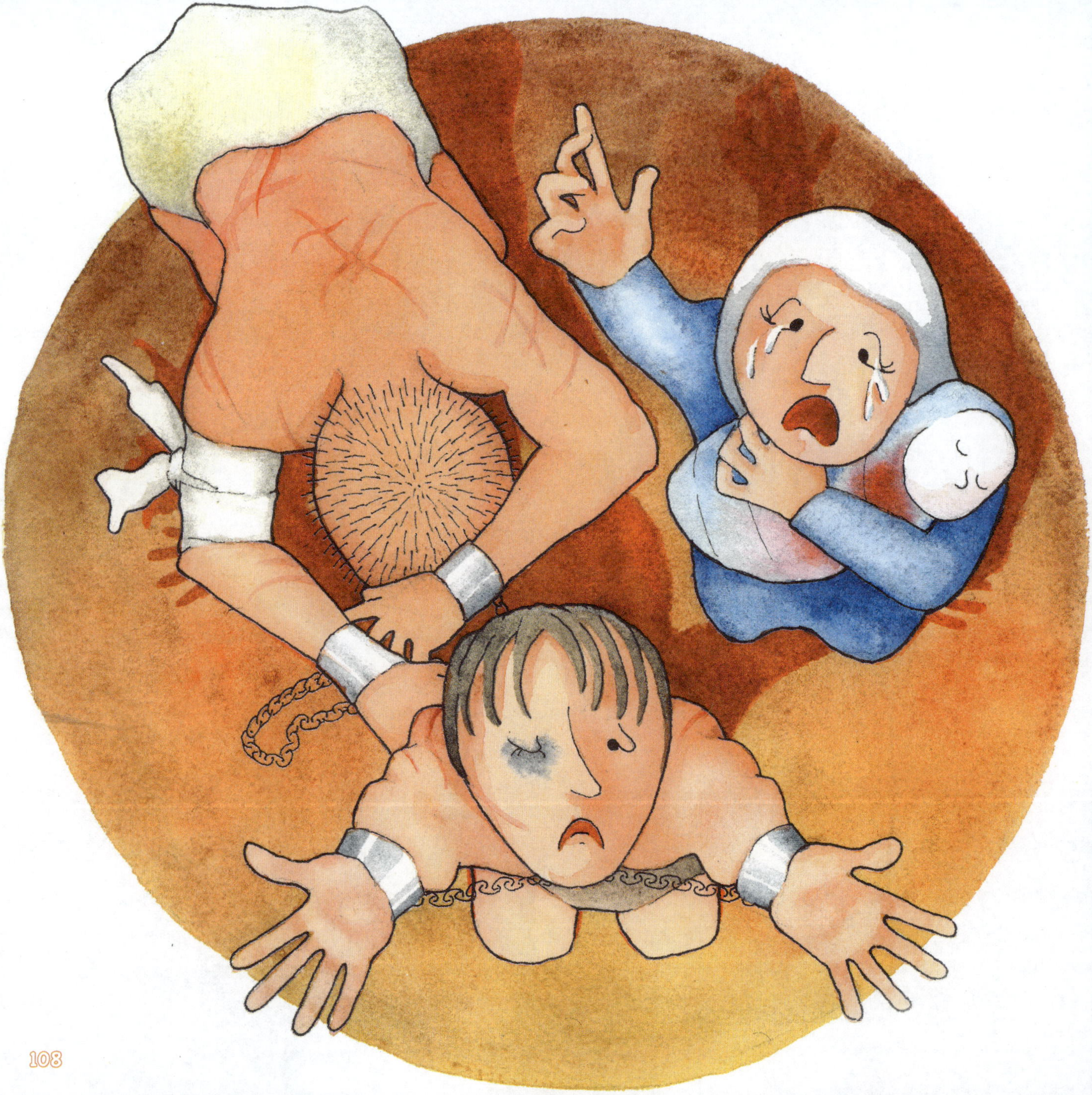

O povo de Deus estava com muitos problemas.
Eles pediram a ajuda de Deus e
Deus ouviu o pedido do povo.

Você está vendo esse bebezinho?
Ele foi a resposta que Deus enviou
quando o povo pediu ajuda.
O nome desse menininho é Moisés e,
um dia, ele resgataria o povo de Deus.

Quando Moisés cresceu, Deus falou com ele.
Moisés ouviu Deus e então...

Moisés fez o que Deus mandou.

111

Moisés foi encontrar o Faraó e disse as Palavras de Deus:

—Deixe o meu povo ir embora!

Mas o rei disse não.

Ele não ouviu Deus.

Moisés disse a Faraó que se ele desobedecesse

à Palavra de Deus, coisas terríveis iam acontecer com os egípcios.

Isso fez o rei decidir ouvir Deus?

Não, Faraó não deixou o povo ir embora.

Então Deus fez o rio virar sangue.

Todo o Egito ficou cheio de rãs,

Mas, mesmo assim, o Faraó não deixou o povo de Deus ir embora.

E o pó virou uma nuvem de piolhos.

Então Deus encheu as casas de moscas.

Os animais do Egito ficaram doentes e morreram.

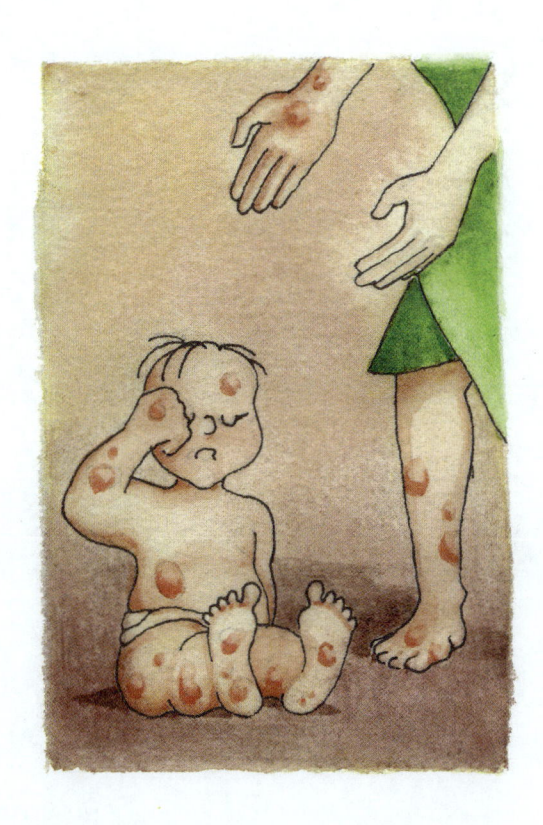

E as pessoas ficaram com feridas doloridas.

Mas, mesmo assim o Faraó não deixou o povo de Deus ir embora.

Então Deus fez granizo cair do céu.

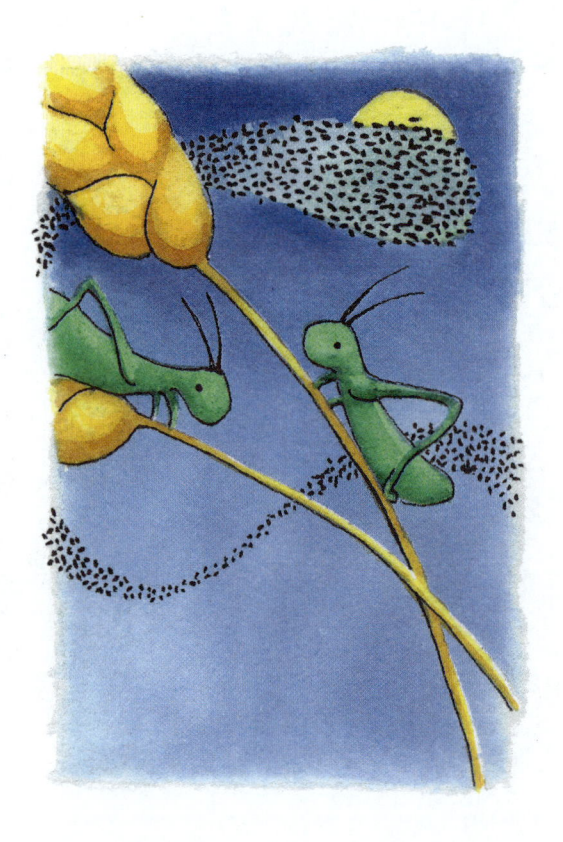

E gafanhotos cobriram todo o chão,

Mas, o Faraó não deixou o povo de Deus ir embora.

Você consegue imaginar o que precisaria acontecer para o Faraó deixar o povo de Deus ir embora?

E houve escuridão em toda a terra do Egito.

120

O GRANDE SINAL DE DEUS

Parte 7

Deus deu uma mensagem para que Moisés entregasse ao povo de Deus.
Moisés disse ao povo de Deus para sacrificar cordeiros.

Ele disse ao povo para colocar o sangue dos cordeiros na porta da frente das casas.

O sangue do cordeiro era o grande sinal de Deus.

123

124

Naquela noite, todos os filhos mais velhos que moravam nas casas que não tinham o grande sinal de Deus, morreram. Muitos egípcios morreram naquela noite.

Mas o Senhor preservou a vida dos filhos mais velhos que moravam nas casas que tinham o sangue do cordeiro nas portas.

Deus passou por cima das casas das famílias de Israel.

126

Finalmente Faraó parou de fingir que era deus. Ele ouviu Deus e disse ao povo de Deus:

—Vão embora!

Você está vendo os avôs e as avós,
os homens e as mulheres,
os filhos e netos e os animais todos
indo embora?

Deus cumpriu mesmo a promessa que fez a Abraão!

Ele fez uma grande nação que começou em Abraão. Quando o povo de Deus saiu do Egito, eles eram quase dois milhões de pessoas!

Você sabe o que Deus fez depois?

Deus deu Sua boa Palavra a essa grande nação.

Moisés subiu até o topo de uma montanha para se encontrar com Deus.

A montanha tremeu, relâmpagos brilharam.

Deus falou com Moisés e Moisés disse ao povo de Deus tudo o que Deus falara.

131

Moisés disse ao povo como amar a Deus.
Moisés disse a eles como amar os outros.
Moisés disse a eles como viver como povo de Deus.
E que não esquecessem as palavras de Deus escritas em Seu livro santo.

Mas sabe o que aconteceu?
Algo triste.

לֹא יִהְיֶה־לְךָ אֱלֹהִים אֲחֵרִים עַל־פָּנָי לֹא תַעֲשֶׂה־לְךָ פֶסֶל וְכָל־תְּמוּנָה אֲשֶׁר בַּשָּׁמַיִם מִמַּעַל וַאֲשֶׁר בָּאָרֶץ מִתַּחַת

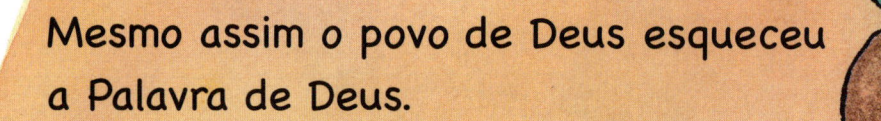

Mesmo assim o povo de Deus esqueceu a Palavra de Deus.

Muitos duvidaram que a Palavra de Deus fosse boa.

Muitos desobedeceram à Palavra de Deus.

Muitos não quiseram que Deus fosse seu Rei.

135

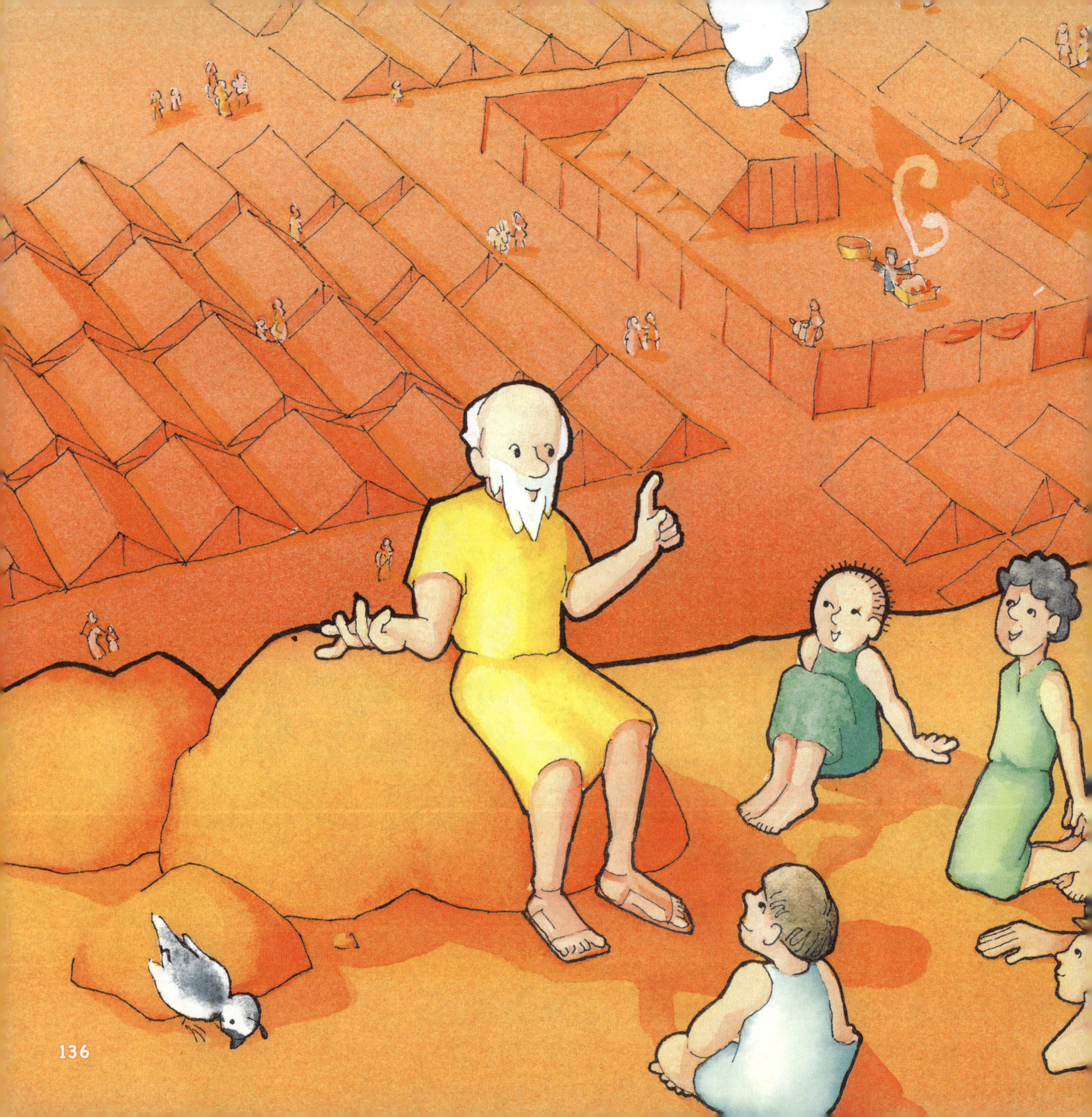

Então Deus puniu Seu povo.

Ele fez Seu povo morar no deserto por muito, muito tempo.

Mas depois de 40 anos, Deus decidiu cumprir outra parte de Sua promessa.

Deus decidiu levar Seu povo ao lugar prometido para eles.

INDO AO LUGAR DE DEUS

Parte 8

O lugar especial de Deus era chamado Canaã.

E Deus escolheu um homem chamado Josué para levar Seu povo até esse lugar especial.

Mas havia um problema:
outras pessoas já moravam em Canaã.

Essas pessoas moravam em cidades como Jericó que tinha grandes muros muito fortes ao seu redor.

As cidades eram cheias de pessoas que não ouviam Deus.

Deus disse a Josué:

—Seja forte e corajoso.

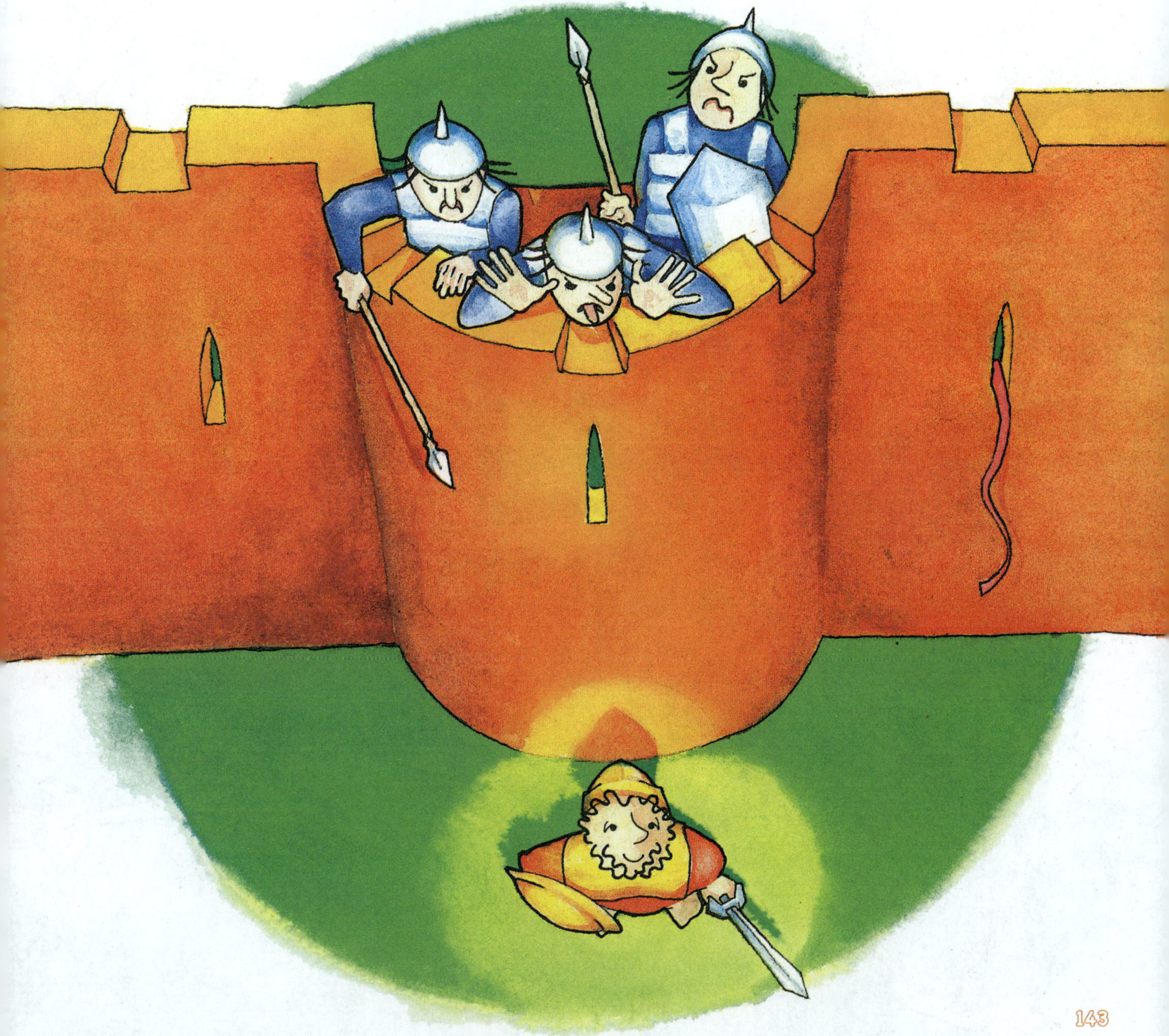

144

Deus disse a Josué para fazer as pessoas marcharem ao redor de Jericó por seis dias, sem parar.

Então o povo marchou e marchou durante todo o dia — marcharam um, dois, três, quatro, cinco, seis dias inteiros.

Você sabe o que aconteceu no sétimo dia?

Quando as trombetas tocaram e o povo gritou...

Deus cumpriu Sua promessa e os muros de Jericó caíram!

Deus mandou os inimigos embora.
E o povo pôde morar na terra que Deus prometeu a eles.

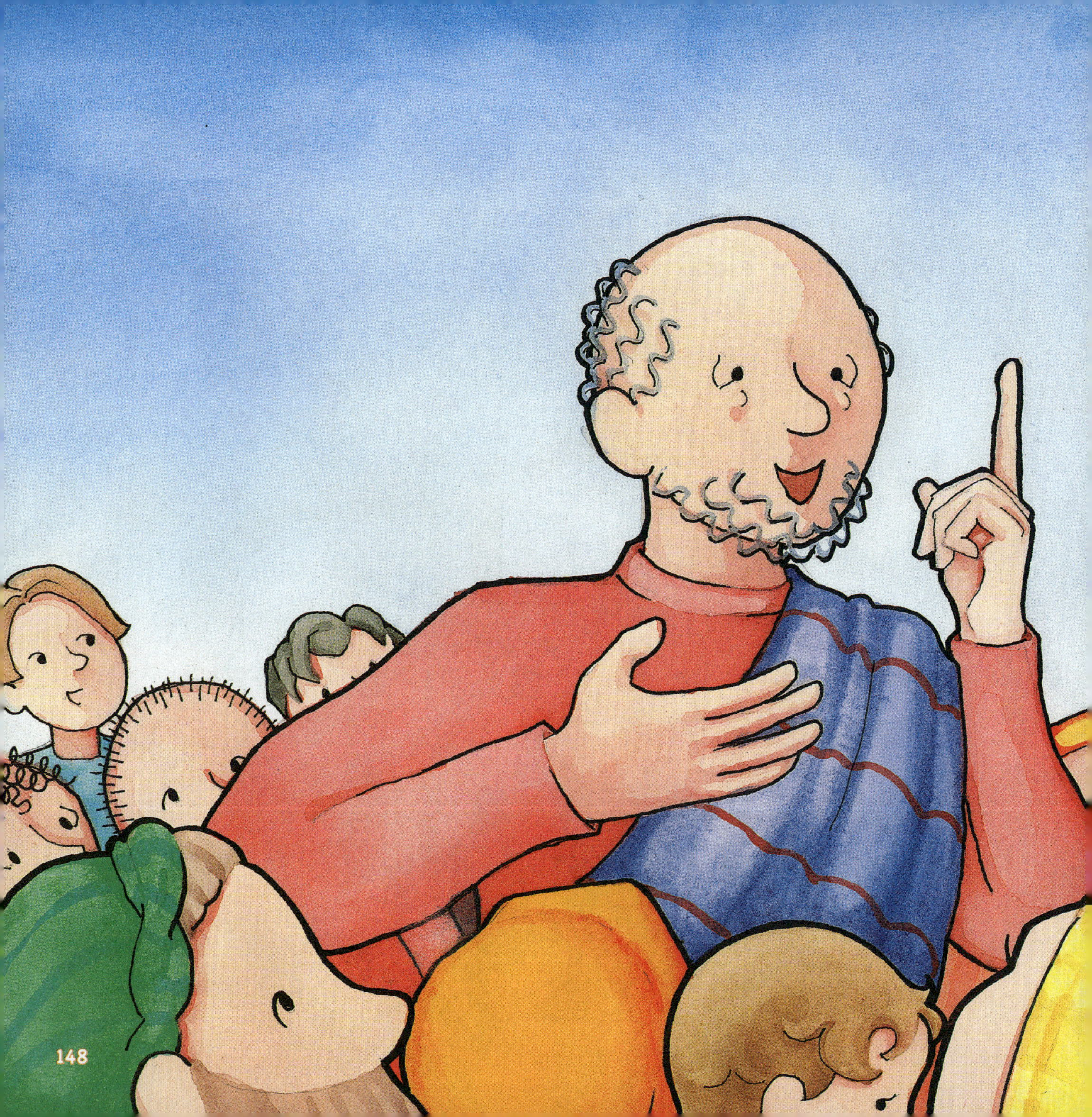

Quando Josué já era um homem velho, ele lembrou o povo de obedecer à Palavra de Deus.

—Hoje vocês precisam escolher a quem vão servir... Eu e a minha família vamos servir ao Senhor.

—Nós também vamos servir ao Senhor.

Naquele dia,
várias promessas boas
de Deus para Israel
foram cumpridas.

Israel prometeu ser o povo de Deus.

Israel prometeu obedecer à Palavra de Deus.

Se eles cumprissem suas promessas iriam morar para sempre no lugar prometido por Deus.

Mas depois que Josué morreu...

Israel desobedeceu à Palavra de Deus e não aceitou que Deus fosse seu Rei.

Então Deus puniu Israel.

Ele deixou os inimigos governarem o povo de Israel.

Nesta época os filisteus governavam o povo de Deus.

Um dos filisteus era tão grande e forte que ninguém do povo de Deus queria lutar contra ele.

Golias era um gigante. Ele tinha quase três metros de altura.

Golias odiava o povo de Deus.

Todos os homens de Israel tinham medo dele; menos um.

Davi nasceu na pequena cidade de Belém.

A fé de Davi na promessa de Deus era muito grande.

A confiança de Davi na Palavra de Deus era muito forte.

Então Davi decidiu lutar contra Golias.

Ele pegou seu estilingue e algumas pedras e correu para atacar o gigante.

Você sabe o que aconteceu depois?

159

Deus cumpriu Sua promessa de resgatar Seu povo!

A primeira pedra que voou do estilingue de Davi atingiu Golias bem na testa.

Davi matou Golias
e resgatou Israel dos filisteus.

Deus estava com Davi.

E Deus deu vitória a Davi contra inimigos em outras batalhas.

Davi, o poderoso guerreiro, se tornou rei do povo de Deus.

Davi governou o lugar especial de Deus.

Você está vendo Davi cantando para Deus?

Ele está agradecendo a Deus por cumprir Suas promessas.

163

Agora que o povo de Deus
estava no lugar de Deus,
parecia que em pouco tempo
eles seriam uma bênção
para todos os povos da Terra.

AS BÊNÇÃOS DE DEUS AUMENTAM

Parte 9

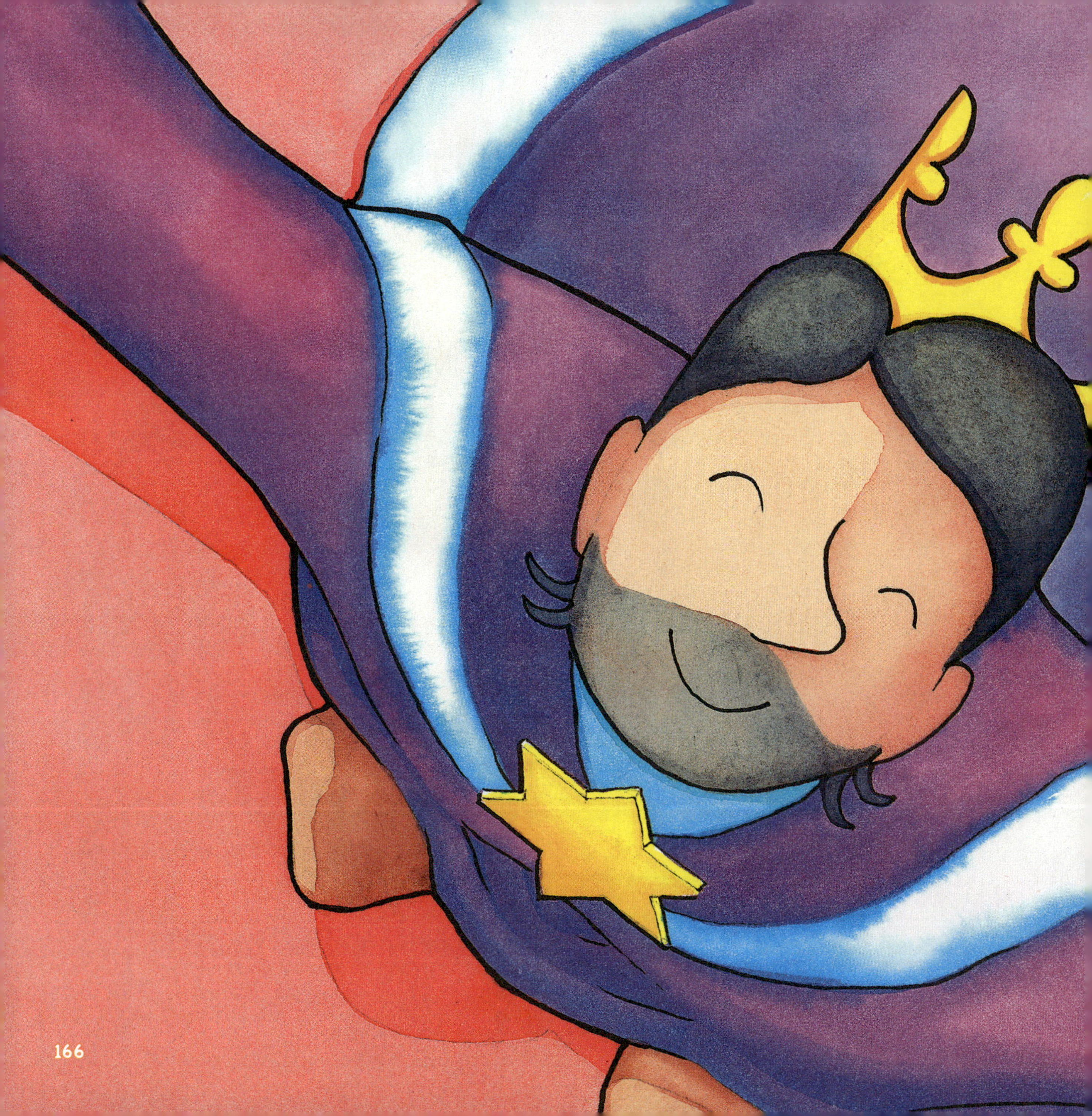

Davi ficou maravilhado
porque Deus era muito bom.

Davi queria fazer algo que deixasse Deus feliz.

Davi decidiu construir uma casa para Deus.

Mas uma noite Deus enviou uma palavra a Davi.

Deus não queria que Davi lhe construísse uma casa.

Deus disse que o filho de Davi
iria construir uma casa para Ele.

168

E então Deus surpreendeu Davi.

Deus prometeu construir
uma casa para Davi!

Não uma casa de verdade feita de tijolos
ou madeira, mas um reino — o reino de Deus.

E então Deus surpreendeu Davi
mais uma vez!

Deus prometeu que alguém da família
de Davi viveria para sempre como
o rei escolhido por Deus.

E mais uma vez Deus surpreendeu Davi!

Este Rei que governaria para sempre seria o
Prometido que iria trazer a bênção de Deus
a todos os povos da Terra.

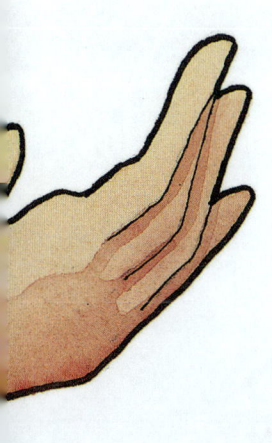

A promessa surpreendente de Deus
deixou Davi muito feliz!

Ele agradeceu a Deus
e a promessa foi escrita no
santo livro de Deus.

Depois que Davi morreu...

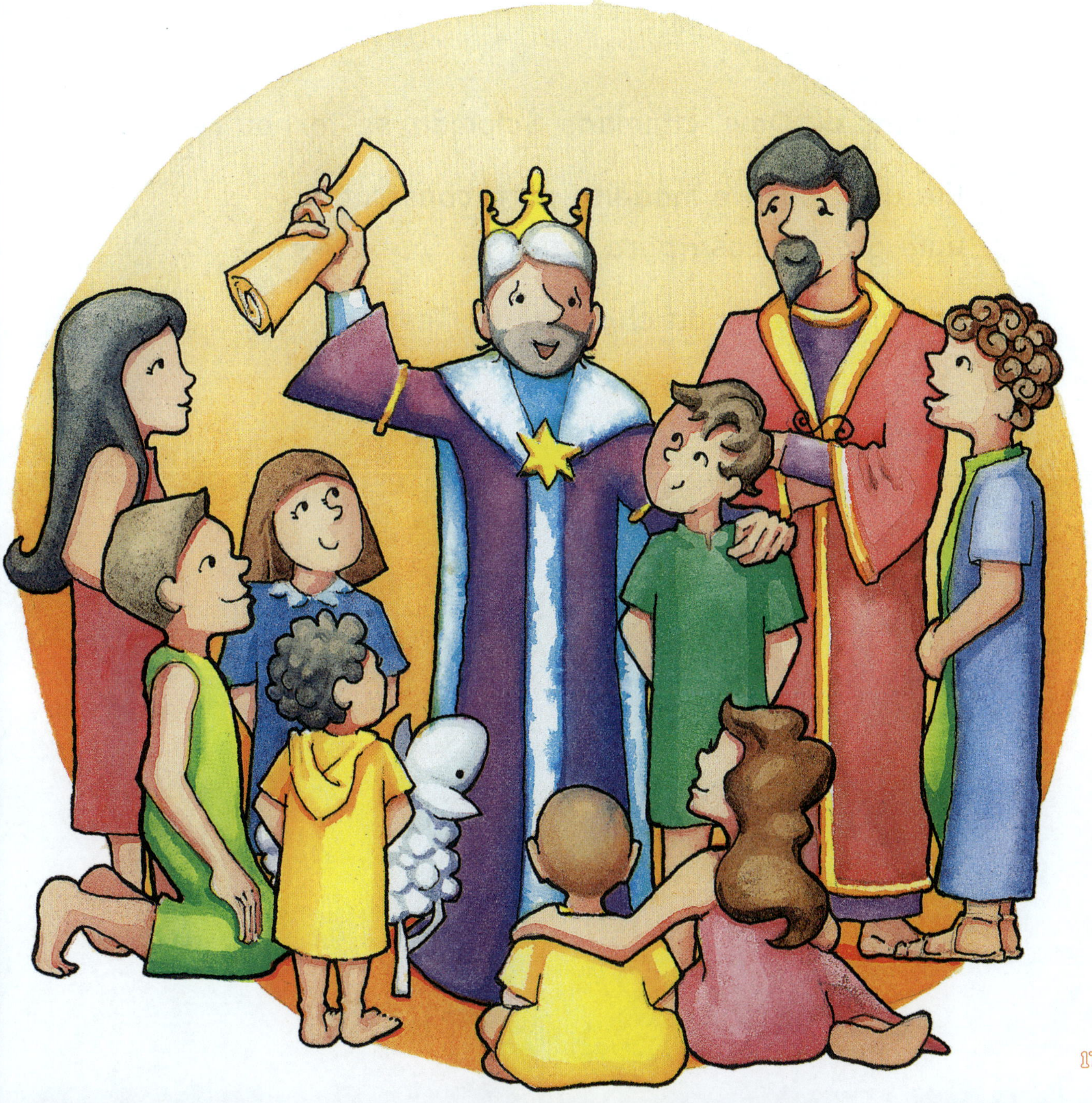

O filho de Davi, chamado Salomão, se tornou rei.

Ele usou ouro e madeira para construir uma grande casa para Deus.

Era um lugar lindo chamado de Templo.

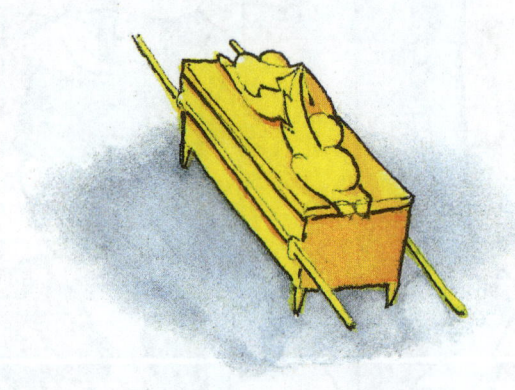

173

Neste Templo as pessoas faziam sacrifícios de sangue por causa de seus pecados.

Quando Deus via esse grande sinal, Ele perdoava os pecados do Seu povo.

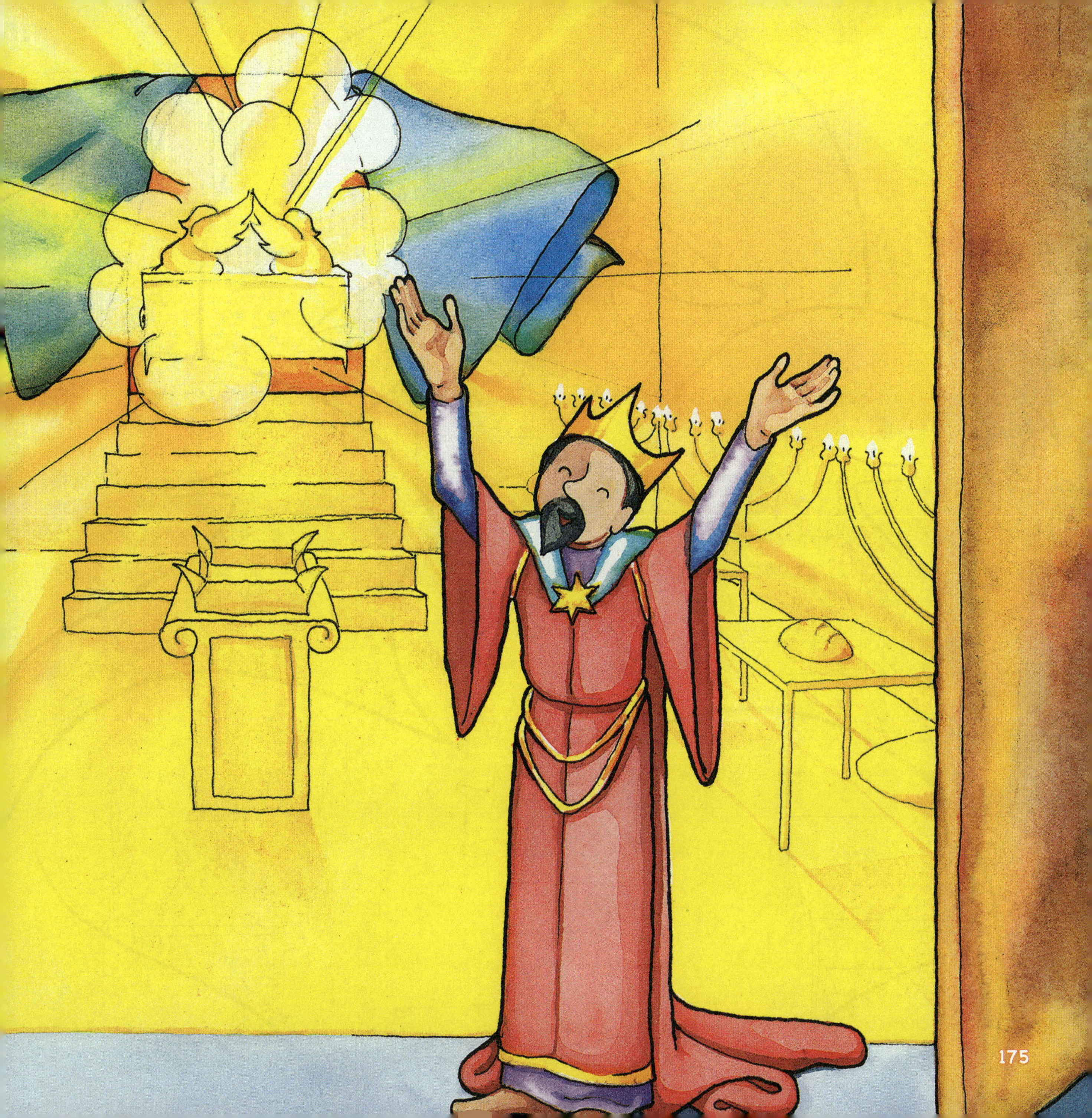

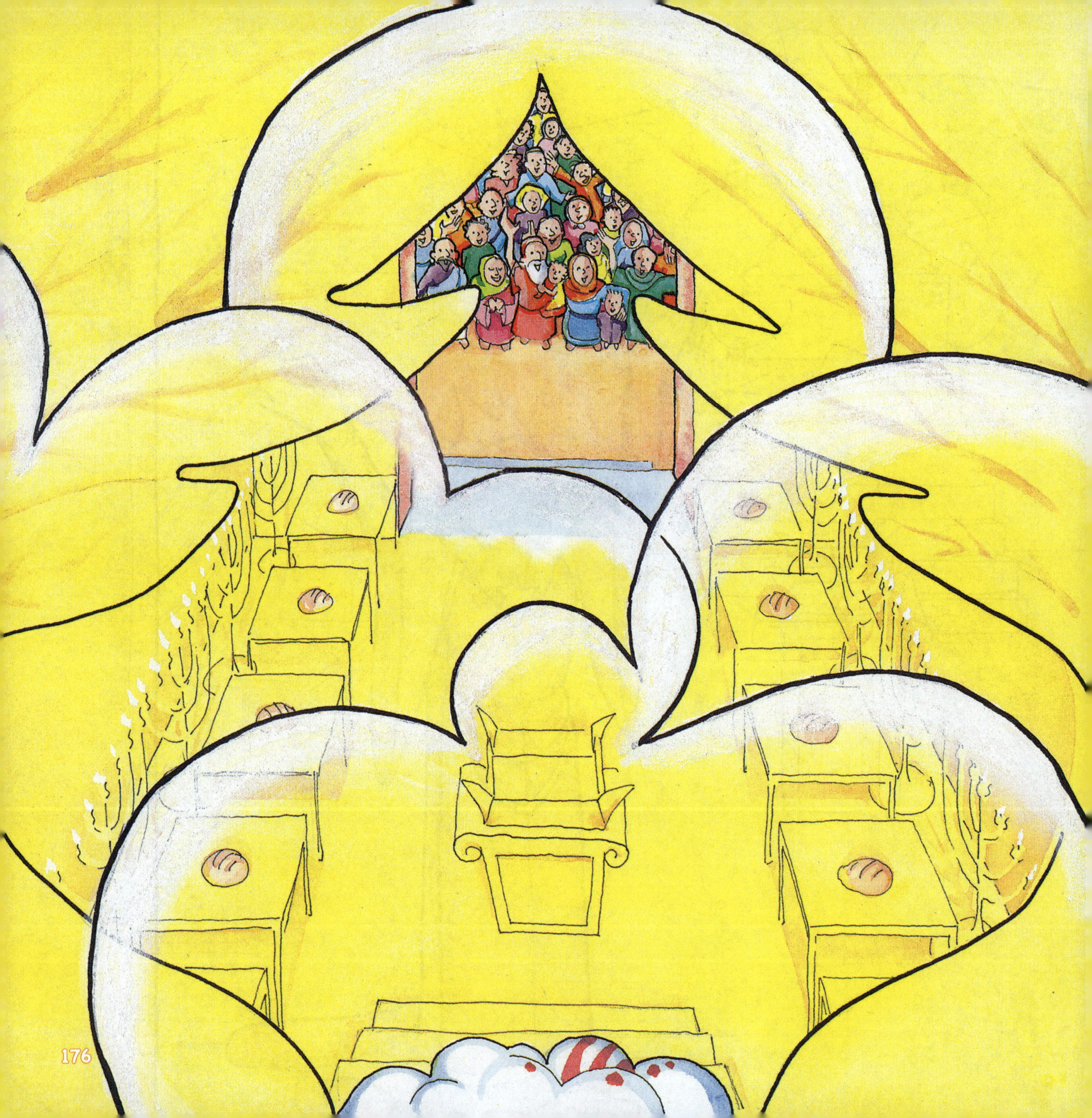

Depois que o Templo ficou pronto,
Deus desceu como uma nuvem.

O povo ficou feliz
e deu graças a Deus dizendo:

—Ele é bom e o Seu amor
dura para sempre.

Uma rainha foi visitar Salomão,
conhecer o palácio o Templo que ele construiu.

Ela fez muitas perguntas a Salomão,
e Deus deu a Salomão muita sabedoria para
responder a todas as perguntas.

A rainha ficou impressionada
e tudo o que Salomão disse a ajudou muito.
Ela foi *abençoada* por ter ido visitar Salomão.

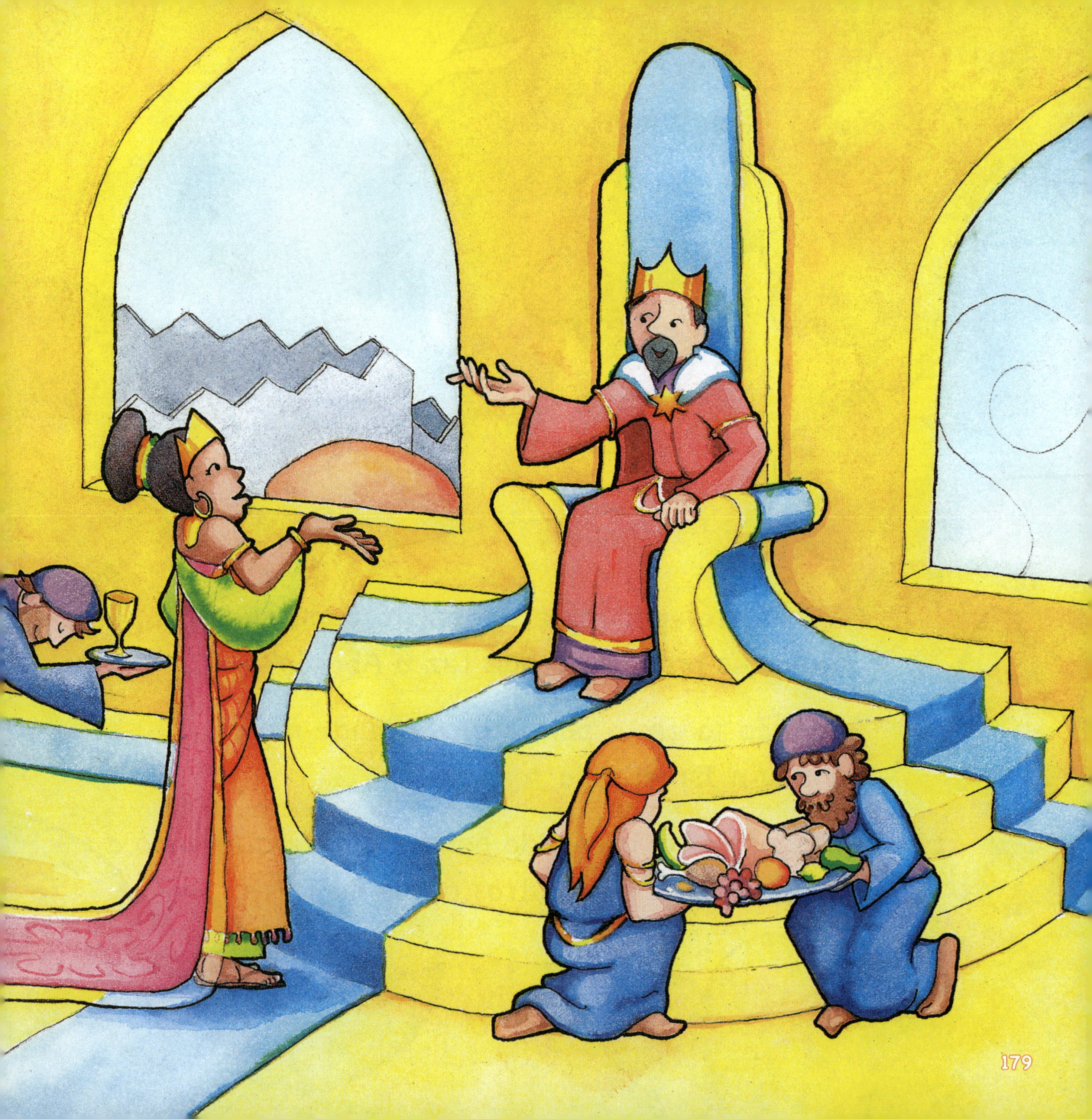

Você está vendo que Deus está cumprindo todas as promessas que fez a Abraão?

Abraão já era o pai de uma grande nação. E deu a Israel uma terra.

E agora o rei escolhido por Deus estava levando a bênção de Deus a outros povos da Terra.

181

Isso não faz você pensar
se Salomão não é o rei escolhido por Deus
para reinar para sempre?

Será que ele é o Rei prometido que vai
trazer as bênçãos de Deus a todo mundo?

183

184

OUTRO DIA MUITO TRISTE

Parte 10

O rei Salomão afastou seu coração de Deus.

O povo de Deus também afastou seu coração de Deus.

Eles duvidaram que Deus fosse bom.

Eles desobedeceram à Palavra de Deus.

Eles não aceitaram que Deus fosse seu Rei.

Antes de Salomão morrer, Deus disse a ele
que um dia o reino iria ser dividido.

Depois que Salomão morreu,
a Palavra de Deus se cumpriu.

Deus estava bravo. Ele enviou profetas
para dizer aos reis e ao povo de Deus
que parassem de desobedecer à Palavra de Deus.

Um desses profetas se chamava Elias.

189

Naquela época quem governava uma parte do povo de Deus era Acabe. Elias desafiou os profetas de Acabe para uma competição.

Ele disse aos profetas para pedirem ao deus deles que mandasse fogo do alto sobre um altar.
Os profetas do rei Acabe pediram, pediram e pediram, mas o fogo não veio.

Então Elias construiu um altar. Ele pediu às pessoas que jogassem quatros jarros grandes de água sobre o altar que ele construiu. E disse para jogarem mais e mais água! Doze jarros de água que encharcaram o altar de Elias.

191

Só depois disso Elias foi até o altar e orou:

—Ó Senhor, Deus de Abraão, Isaque e Israel...
Que todos saibam que o Senhor é Deus
em Israel... Responda-me... que este povo saiba
que o Senhor é Deus e que o Senhor
pode trazer estes corações
de volta para o Senhor.

E você sabe o que aconteceu depois?

193

Deus respondeu à oração de Elias!

Fogo caiu do céu e queimou o sacrifício de Elias.

O fogo de Deus queimou as pedras, o solo e toda a água que havia encharcado o altar.

O povo ficou muito surpreso!

Mas você acha que isso fez o povo voltar para Deus?

Não, não fez.

Eles continuaram a desobedecer à Palavra de Deus.

Então...

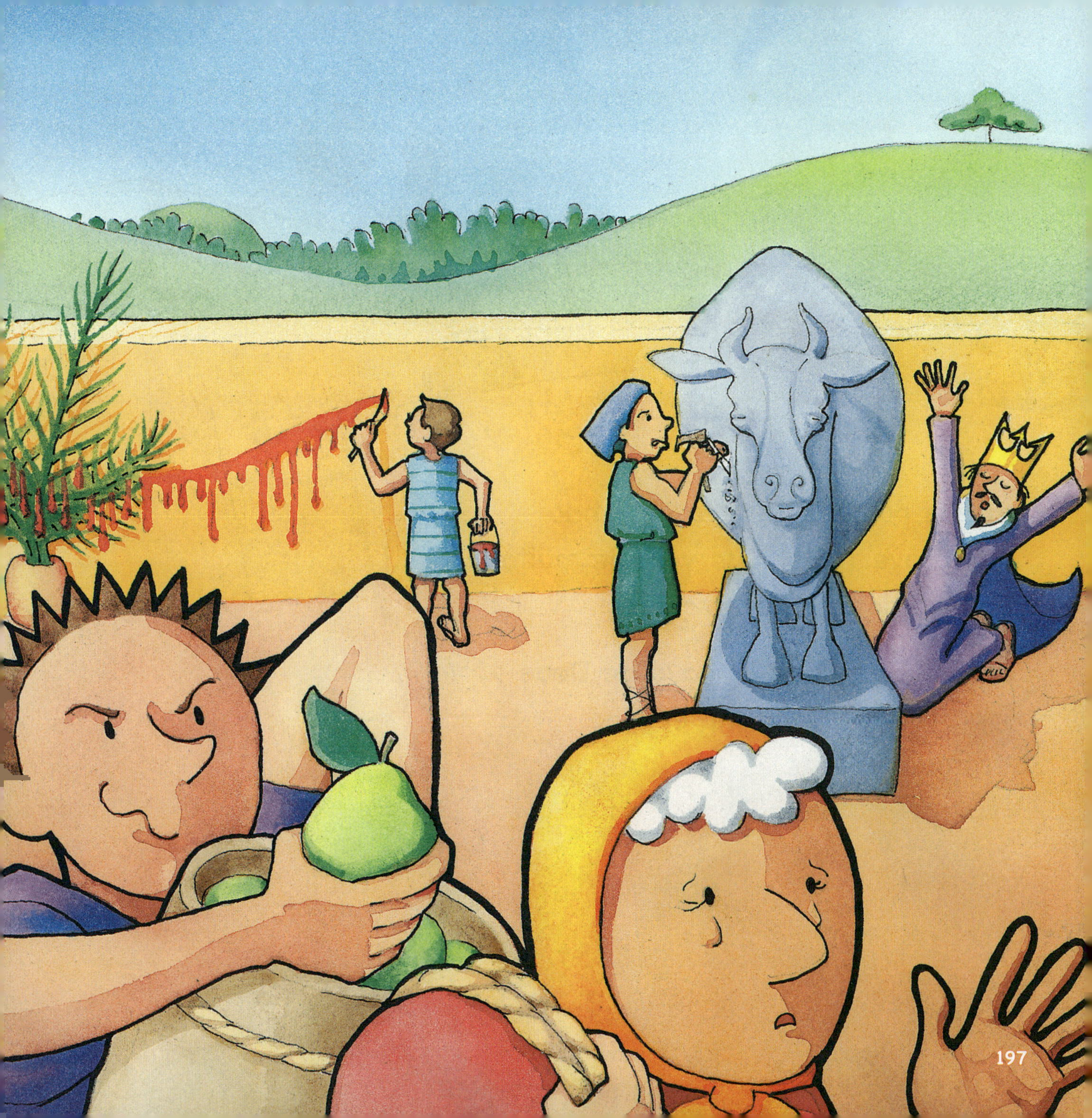

Deus puniu Seu povo enviando um governador que veio de muito longe para guerrear contra eles.

Muitas pessoas do povo de Deus morreram ou foram levadas como escravas.

199

200

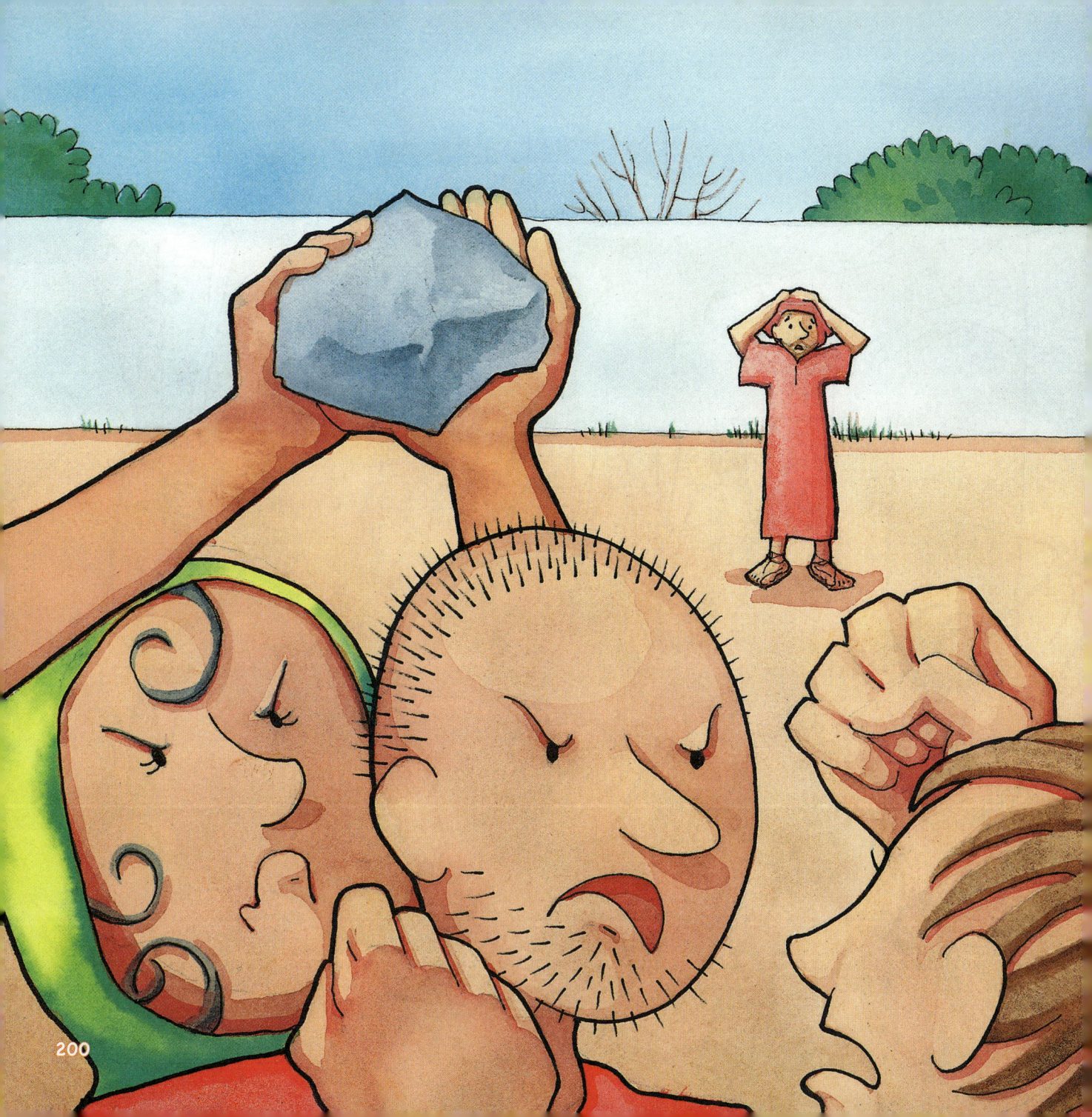

Depois o rei Zedequias governou
o restante do povo de Deus.

Ele fez muitas coisas ruins
e mesmo assim não acreditava
que ia ser punido por Deus.

202

Ele pensava:

Deus não prometeu que esta terra seria nossa para sempre?

Então Deus enviou o profeta Jeremias para dizer ao rei:

—Não.

Mas Zedequias não quis ouvir.

Então...

Deus puniu Seu povo mais uma vez enviando outro rei para guerrear contra eles.

O rei Nabucodonosor veio lá de longe, da Babilônia, e destruiu Jerusalém.

Ele queimou todo o Templo de Salomão e levou o restante do povo de Deus para a Babilônia.

Este foi outro dia muito triste.

O povo de Deus teve que ir embora do lugar de Deus porque não aceitavam que Deus fosse seu Rei.

Você lembra quando Deus mandou Adão e Eva para longe dele, fora do jardim?

Pois é, Deus estava fazendo a mesma coisa outra vez.

Ele estava enviando Seu povo para fora do lugar de Deus por causa do pecado que eles tinham cometido.

A PROMESSA DE DEUS AINDA EXISTE

Parte 11

210

Ainda que o povo de Deus estivesse muito longe de sua terra, Deus ainda falava com eles.

Deus enviou mais profetas.

E eles falavam todas as palavras de Deus e as escreviam no santo livro de Deus.

O profeta Ezequiel escreveu que um dia Deus ergueria o Templo de novo e daria um novo coração para as pessoas do Seu povo.

213

Isaías lembrou ao povo que o Rei eterno de Deus viria da família de Davi.

O profeta Jeremias também tinha esperança.

Ele disse que Israel ia voltar para casa depois de 70 anos.

215

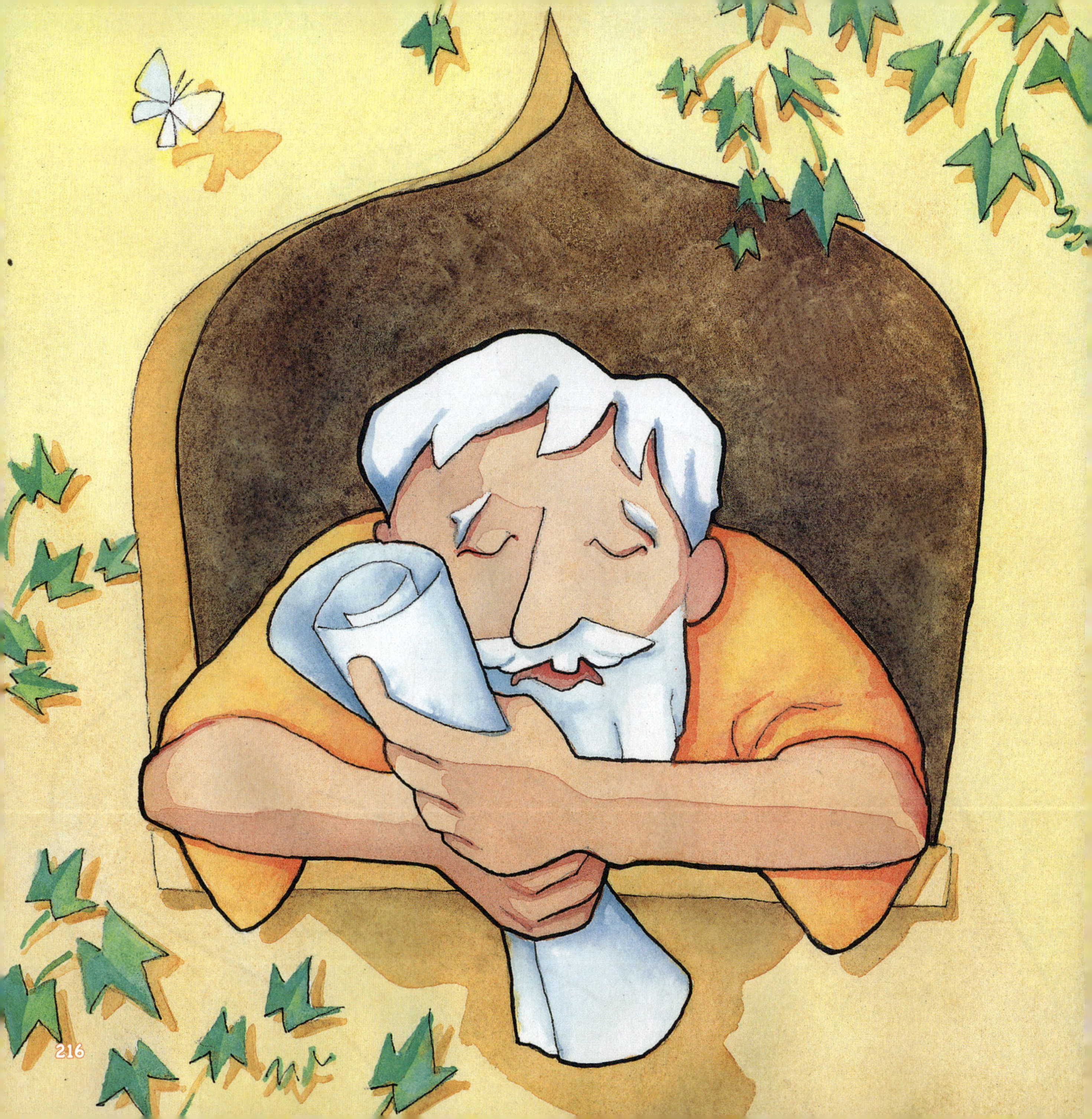

Setenta anos se passaram
e o profeta Daniel orou a Deus.

Ele pediu a Deus que se lembrasse
de Sua promessa e Deus ouviu
a oração de Daniel.

Enfim, o povo de Deus voltou para casa em Jerusalém.

Eles voltaram para a terra que Deus separou para eles.

Mas eles tinham muito trabalho para fazer.

Jerusalém e o Templo estavam destruídos.

Eles trabalharam muito.

E quando a fundação da construção estava pronta...

Você está vendo o povo reconstruindo os muros da cidade e o Templo?

O povo celebrou!

Todas as pessoas cantaram altos louvores a Deus.

Elas estavam felizes.

Elas cantaram a Deus tocando trombetas e címbalos e diziam:

—Ele é bom e Seu amor constante dura para sempre...

Mas muitos homens mais velhos choraram.

Você sabe por quê?

Eles choraram porque se lembraram
do belo Templo do rei Salomão e sabiam
que Israel não poderia reconstruir
todo o lugar de Deus de novo.

223

224

Eles choraram porque ainda esperavam o Rei eterno de Deus.

NOVO TESTAMENTO

MUITOS ANOS DE SILÊNCIO

Parte 12

Anos se passaram

Sem nenhuma palavra de Deus.

E os anos foram passando,

E centenas de anos se passaram,
e as grandes promessas de Deus pareciam
ter desaparecido.

Israel não era mais tão importante no mundo.

Outras nações se tornaram grandes,
fortes e poderosas e os reis dessas nações
governavam o povo de Deus.

Um desses reis...

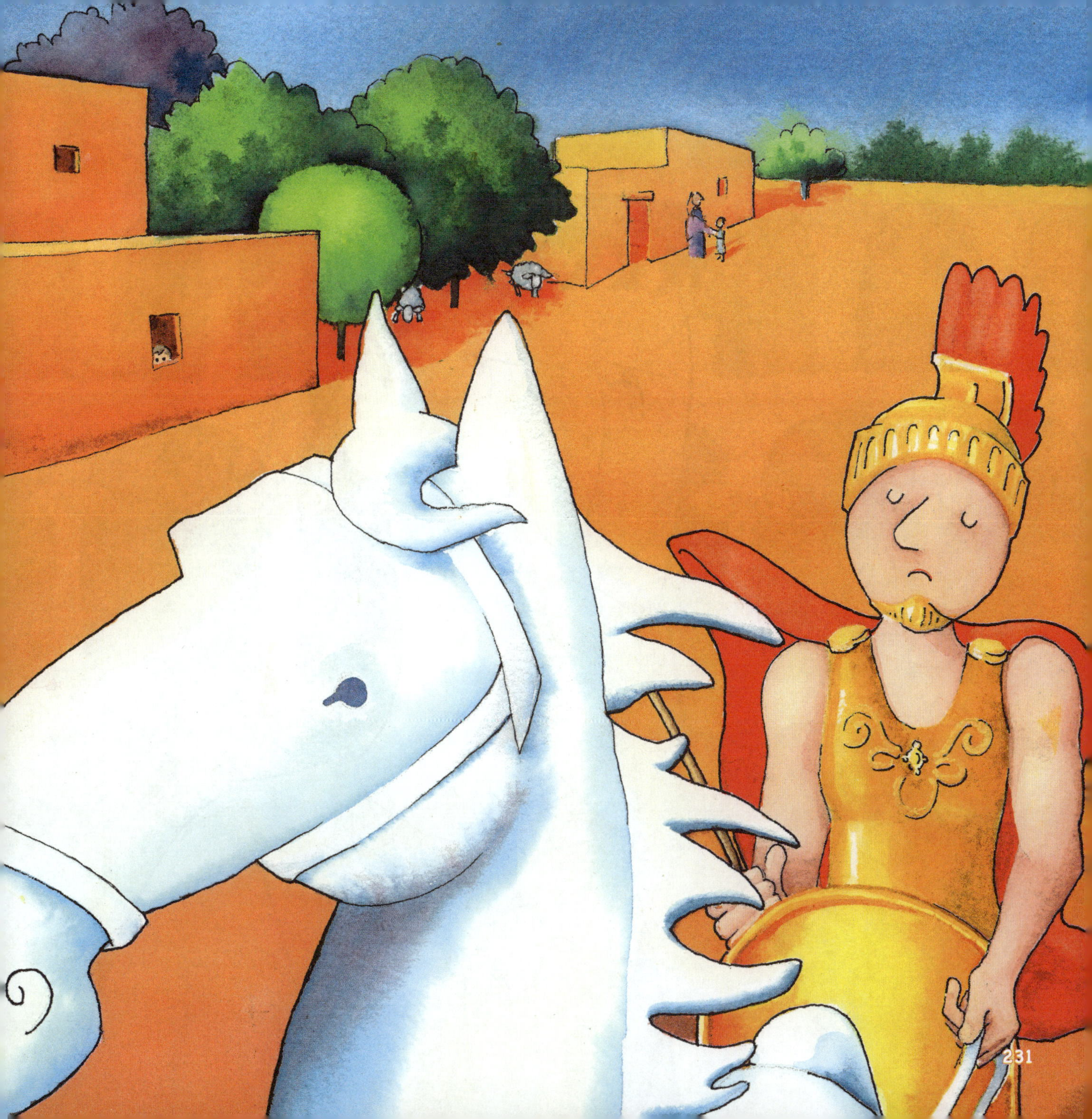

232

Foi César Augusto.

Este governador romano achava
que era uma pessoa muito importante.

Um dia ele pensou:

Como todos podem vir a saber
que eu sou o grande César,
o governador romano, o rei do mundo?
Já sei!
Eu vou contar quantas pessoas eu governo.
Com certeza assim todos vão saber que sou
um rei importante.

234

Então César, o governador romano,
o rei de todo o mundo romano,
começou a contar o seu povo
para mostrar a todos como ele era grande.

O que César não sabia é que...

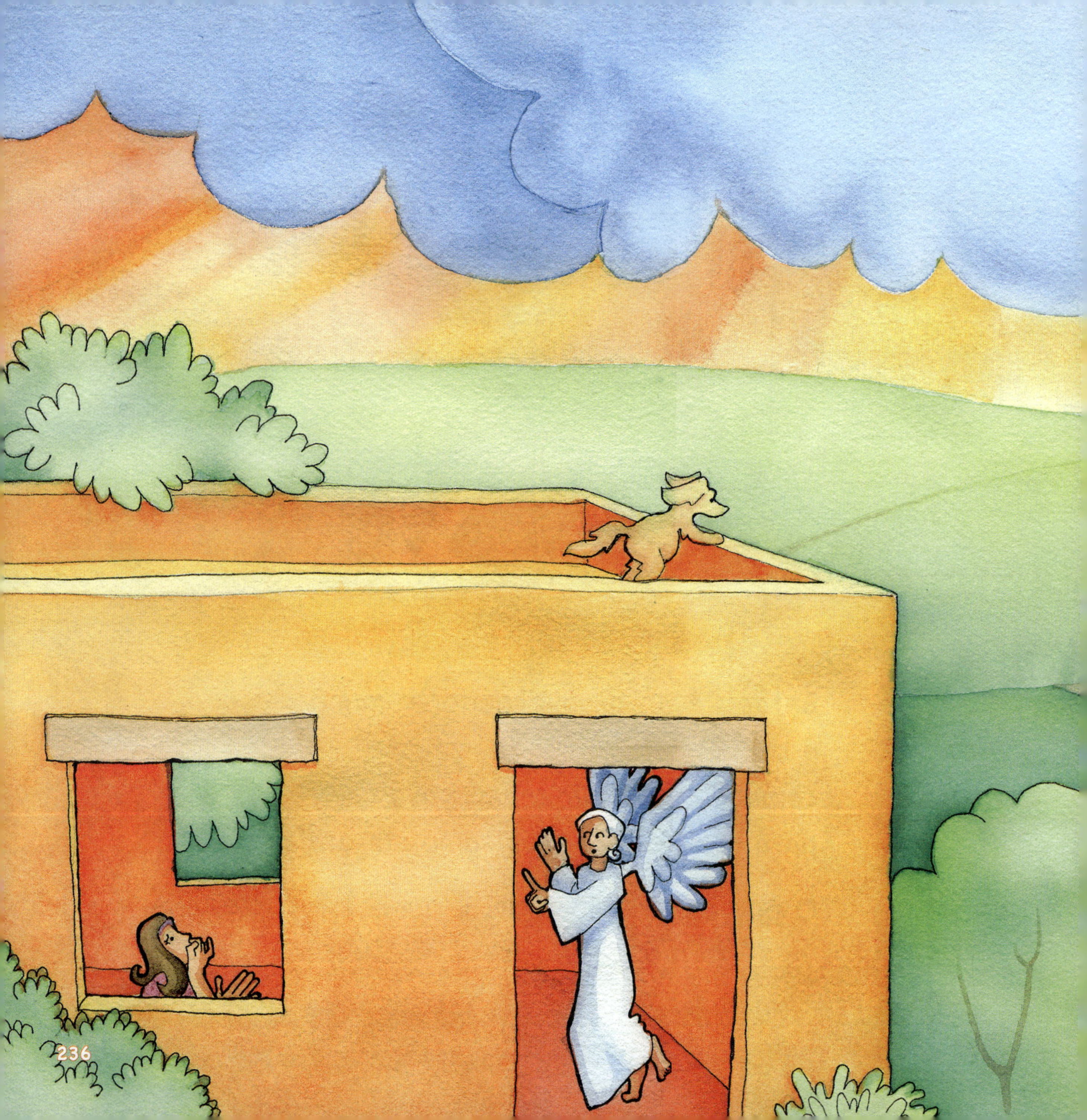

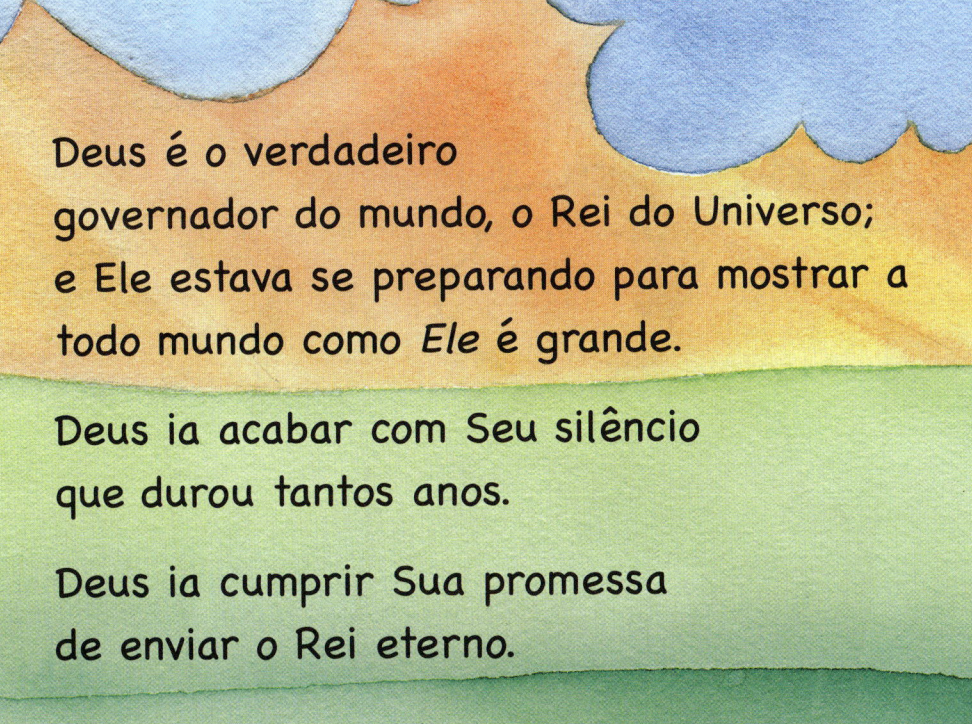

Deus é o verdadeiro
governador do mundo, o Rei do Universo;
e Ele estava se preparando para mostrar a
todo mundo como *Ele* é grande.

Deus ia acabar com Seu silêncio
que durou tantos anos.

Deus ia cumprir Sua promessa
de enviar o Rei eterno.

E você sabe como Deus ia fazer isso?

Não como César fez...

Ele não ia contar Seu povo, cheio de orgulho; com humildade Ele se misturou com Seu povo.

No poder de Seu Espírito,
Deus faria o Rei eterno vir a este mundo
na forma de um bebê.

240

NASCE O PROMETIDO DE DEUS

Parte 13

Veja todas essas pessoas
na estrada para Belém.

Elas estavam indo para a contagem do povo
e estavam muito tristes.

Eles estavam bravos com o rei,
e caminhavam muito zangados.

Eles estavam bravos com o rei
e reclamavam muito enquanto caminhavam.

Mas nem todos estavam tristes.

Você está vendo esse casal feliz na estrada?

Eles não parecem estar bravos com o rei, certo?

Você imagina por que eles estavam tão felizes?

245

246

Logo Maria ia ter um bebê!

Deus disse a Maria e José
que o filho deles era aquele que
foi prometido muito tempo atrás.

Ele iria resgatar o povo de Deus,
devolver ao povo o lugar de Deus e
abençoar a todos os povos da Terra.

Mas em que lugar dessa cidade tão cheia de pessoas esse bebê iria nascer?

Em uma casa bonita e grande? Não, não era ali.

Em um hotel limpinho? Não, não em um hotel limpinho.

Todas as casas bonitas e grandes
e os hotéis limpinhos
já estavam cheios de pessoas.

Você consegue adivinhar onde
esse bebê especial nasceu?

O Rei eterno de Deus
nasceu em um estábulo,
um lugar para animais.

Seus pais deram a Ele
o nome de Jesus.

Eles enrolaram o bebê
em panos para ele ficar quentinho
e o colocaram em uma manjedoura.

Que lugar estranho para o Prometido!

Quem imaginaria isso?

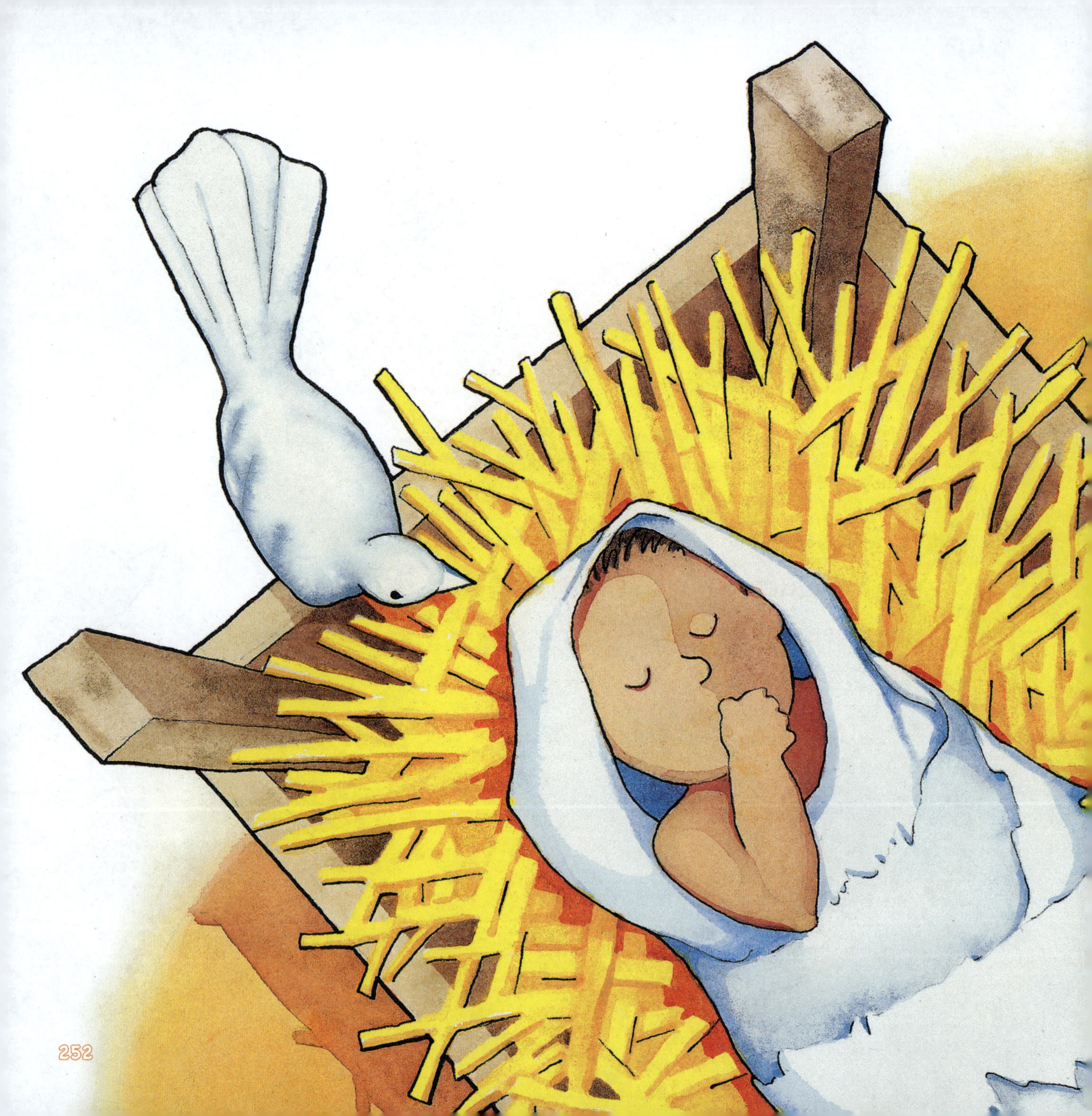

César, o rei do mundo romano,
quis contar todas as pessoas
para mostrar a todos
como ele era importante.

Mas Deus, o Rei do Universo,
estava mostrando ao mundo
o quanto *Ele* era grandioso
enviando o Seu Filho ao mundo
para viver como uma pessoa comum.

Que dia importante!

Aquilo que Deus prometeu a Abraão, Isaque, Jacó e Davi, começou a acontecer quando Jesus nasceu!

E a notícia da grande chegada de Jesus logo iria se espalhar.

O PROMETIDO DE DEUS É ANUNCIADO

Parte 14

Veja todas essas ovelhas.

Você está vendo esses homens cuidando das ovelhas?

Eles são pastores.

Na noite em que Jesus nasceu, alguns pastores estavam desfrutando do ar fresco da noite, nas colinas de Belém.

Estava escuro.
Estava silencioso.
E de repente...
Deus surpreendeu os pastores!

Uma luz muito forte brilhou no céu da noite. Um anjo fez um grande anúncio aos pastores:

—Estou aqui para trazer uma boa notícia para vocês... para todo o povo. Hoje mesmo, na cidade de Davi, nasceu o Salvador de vocês — o Messias, o Senhor!... vocês encontrarão uma criancinha enrolada em panos e deitada numa manjedoura.

Os pastores ficaram muito surpresos!
E depois houve outra surpresa.

261

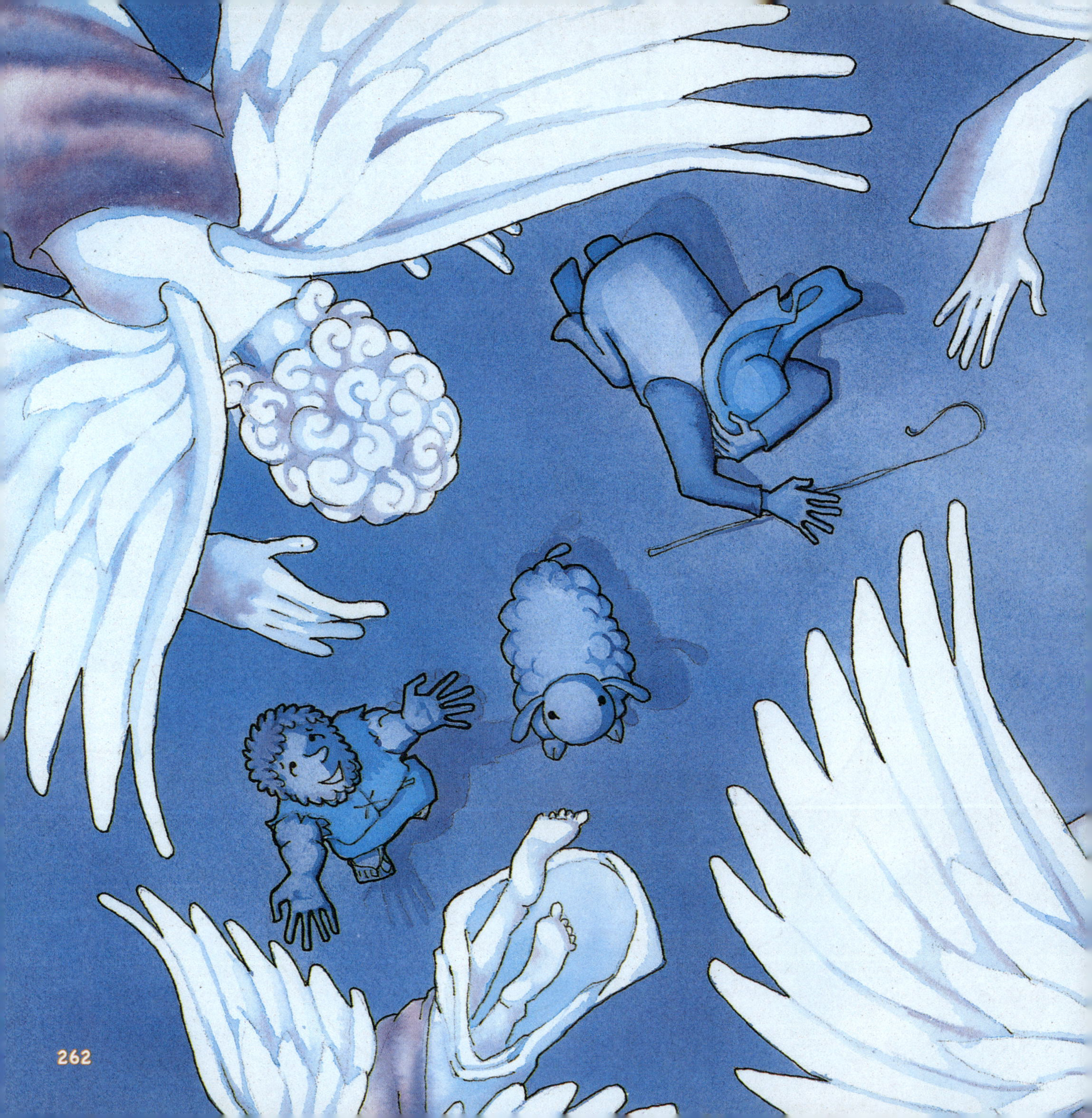

Muitos e muitos e muitos anjos vieram e encheram o céu da noite com brilho e beleza.

Os anjos cantavam todos juntos: "Glória a Deus nas maiores alturas do céu! E paz na terra para as pessoas a quem ele quer bem!".

Os pastores então foram para Belém o mais rápido que puderam. Eles queriam ver a tão esperada promessa de Deus, o menino deitado na manjedoura.

E quando chegaram lá, viram o bebê Jesus.

Eles sorriram. Eles sabiam.
Tudo o que os anjos haviam dito
era verdade!

Jesus, o Rei eterno de Deus,
tinha nascido!

267

DEUS CHAMA UM POVO NOVO

Parte 15

Trinta anos se passaram,
e Jesus cresceu e se tornou um homem.

Trinta anos se passaram, e o mundo ainda não tinha ouvido a mensagem que os anjos cantaram para os pastores.

Trinta anos se passaram e até agora ninguém era seguidor de Jesus. Você sabe como Deus disse às pessoas que elas deveriam seguir Seu Filho Jesus?

Dessa vez Deus não usou anjos.
Em vez disso, usou um homem.

Este homem já ensinava às pessoas
sobre o reino de Deus.
Este homem morava no deserto
e seu nome era...

273

João.

João não se vestia como as outras pessoas. João não comia o que a maioria das pessoas comiam. João não falava o mesmo que as outras pessoas falavam.

Mas mesmo assim, o povo de Deus
ia até o deserto para ouvir João.

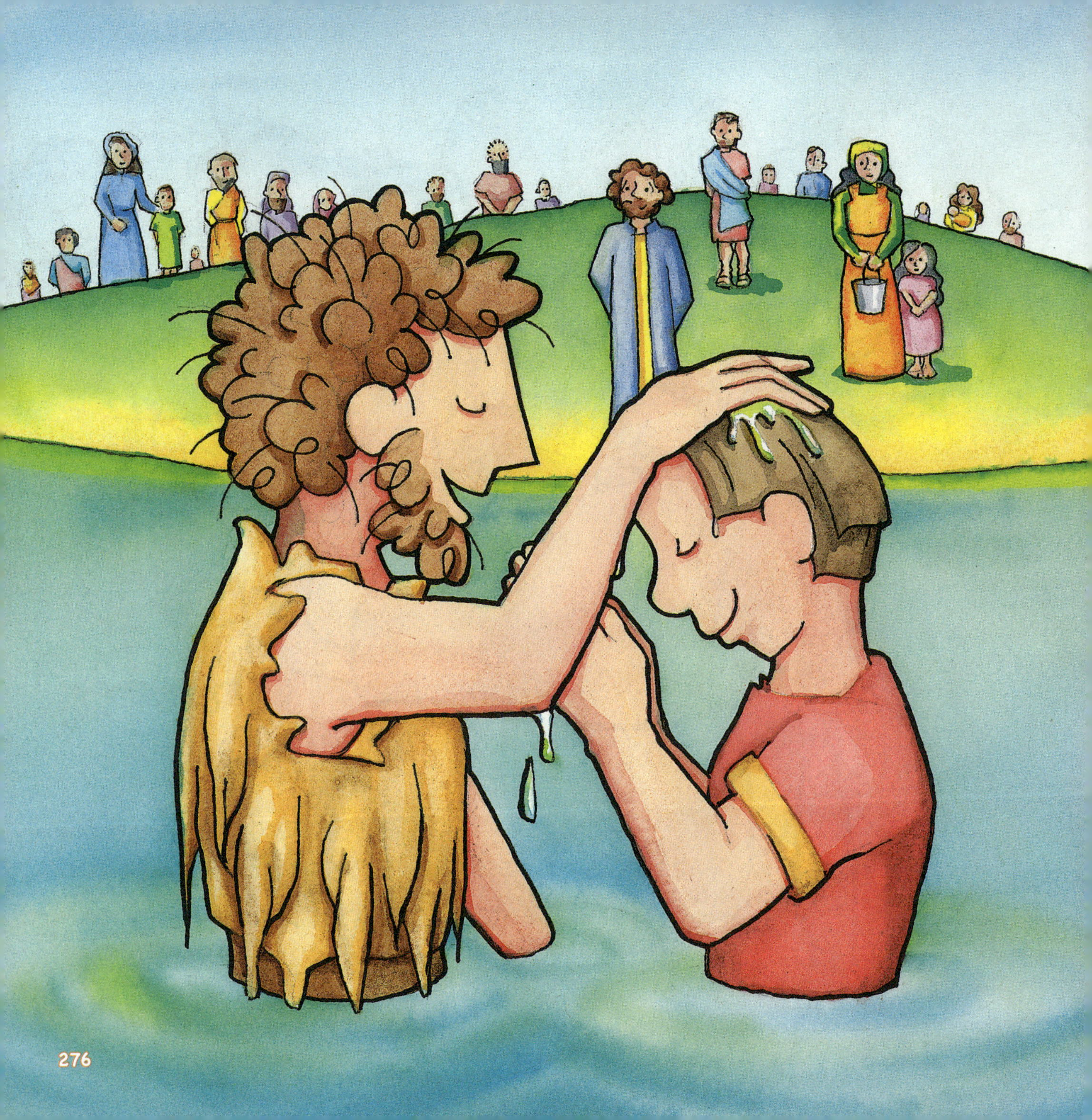

João batizava pessoas para que elas estivessem preparadas para o reino de Deus que viria.

As pessoas saíam das colinas e dos vales. Elas saíam de cidades grandes e pequenas.

Na verdade, tantas pessoas iam até o deserto que algumas começaram a pensar: Será que João é o profeta enviado para nos resgatar? Será que João vai nos dar de volta o lugar de Deus? Será que João é o Rei que vai abençoar todos os povos da Terra?

João disse a essas pessoas:

—Não. Eu não sou o Prometido, mas estou preparando o caminho para o Rei.

E um dia, quando João estava batizando pessoas no rio...

279

Jesus foi até João
e pediu para ser batizado.

Quando João batizou Jesus,
uma pomba desceu do céu
e pousou em Jesus.
Uma voz alta veio do céu:

—Tu és o meu filho querido
e me dás muita alegria.

João disse às pessoas
que Jesus era
o Rei prometido de Deus.

Ele disse que as pessoas deveriam seguir Jesus porque Jesus podia tirar os pecados delas.

As pessoas começaram a ouvir Jesus pregar sobre o reino de Deus.
E Ele disse a algumas pessoas:

—Siga-me!

Jesus escolheu doze seguidores para serem Seus discípulos especiais. Você se lembra dos doze filhos de Jacó? Pois então, Jesus estava começando a chamar um novo povo para Deus.

283

284

JESUS RESTAURA A CASA DE DEUS

Parte 16

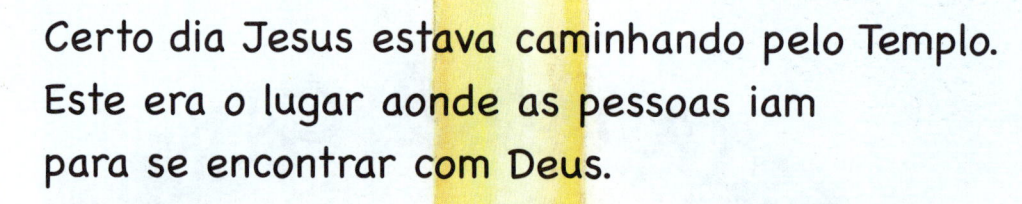

Certo dia Jesus estava caminhando pelo Templo. Este era o lugar aonde as pessoas iam para se encontrar com Deus.

Este Templo não era o templo que Salomão construiu. E também não era o templo que Israel reconstruiu. Não, esses templos haviam sido destruídos há muitos anos.

Herodes construiu este Templo. Os romanos tornaram Herodes um rei. Herodes era esperto e malandro. Ele construiu este lugar para deixar o povo de Deus feliz e assim o povo o obedeceria.

Enquanto caminhava pelo Templo...

Jesus viu homens vendendo bois, ovelhas e pombas.

Jesus viu outros homens gananciosos negociando dinheiro.
Jesus ficou muito bravo ao ver tudo aquilo.
O Templo deveria ser um lugar santo.
Este era o lugar onde as pessoas faziam sacrifícios pelos seus pecados.

289

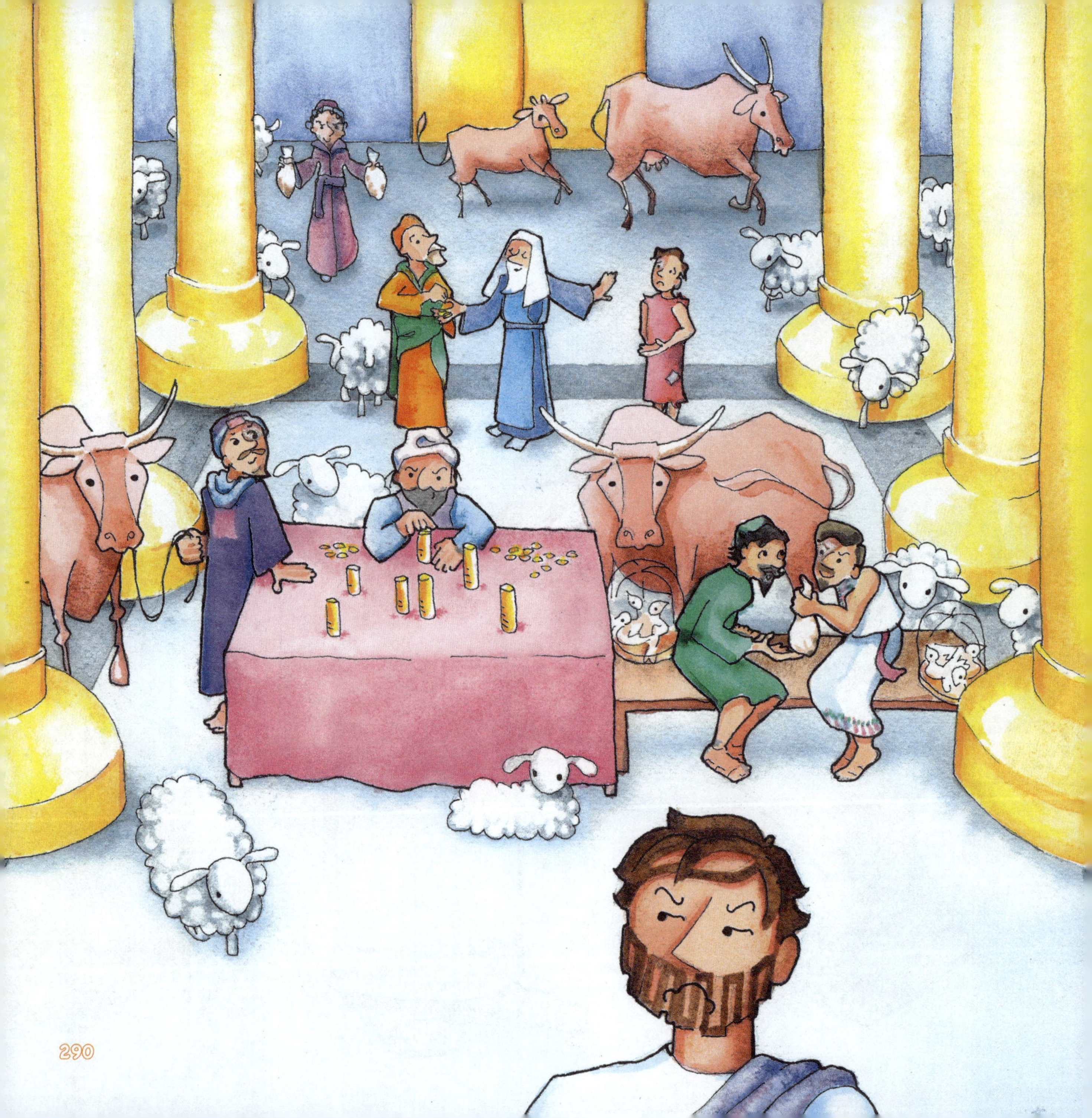

Mas, em vez disso, o Templo agora
era um lugar cheio de pecado.
As pessoas queriam parecer importantes
e levavam muito dinheiro para casa.
As pessoas estavam pecando em vez de
ir ao Templo para serem perdoadas.

Jesus ficou tão triste quando viu tudo isso que...

Resolveu fazer alguma coisa.

Ele virou as mesas cheias de dinheiro dos negociantes e todas as moedas se espalharam.
Ele fez um chicote e expulsou as ovelhas e os bois e todas as pombas voaram para longe.

E enquanto fazia isto...

Jesus ordenou:

—Tirem tudo isto daqui!
Parem de fazer da casa do meu Pai um mercado!

Isso deixou as pessoas bravas e todas elas gritaram com Jesus, como se estivessem dizendo:

—Ei, quem você pensa que é? Prove para nós que você é o dono desse lugar!

296

Quando Jesus ouviu isto, Ele levantou Sua voz para todos ouvirem:

—Derrubem este Templo, e eu o construirei de novo em três dias!

Quando Ele disse isso...

Todos ficaram em silêncio.

Os líderes da casa de Deus coçaram suas cabeças, fecharam os olhos e pensaram: *Com certeza, este homem está louco.*

Finalmente, um deles disse a Jesus:

—A construção deste Templo levou 46 anos, e você diz que vai construí-lo de novo em três dias?

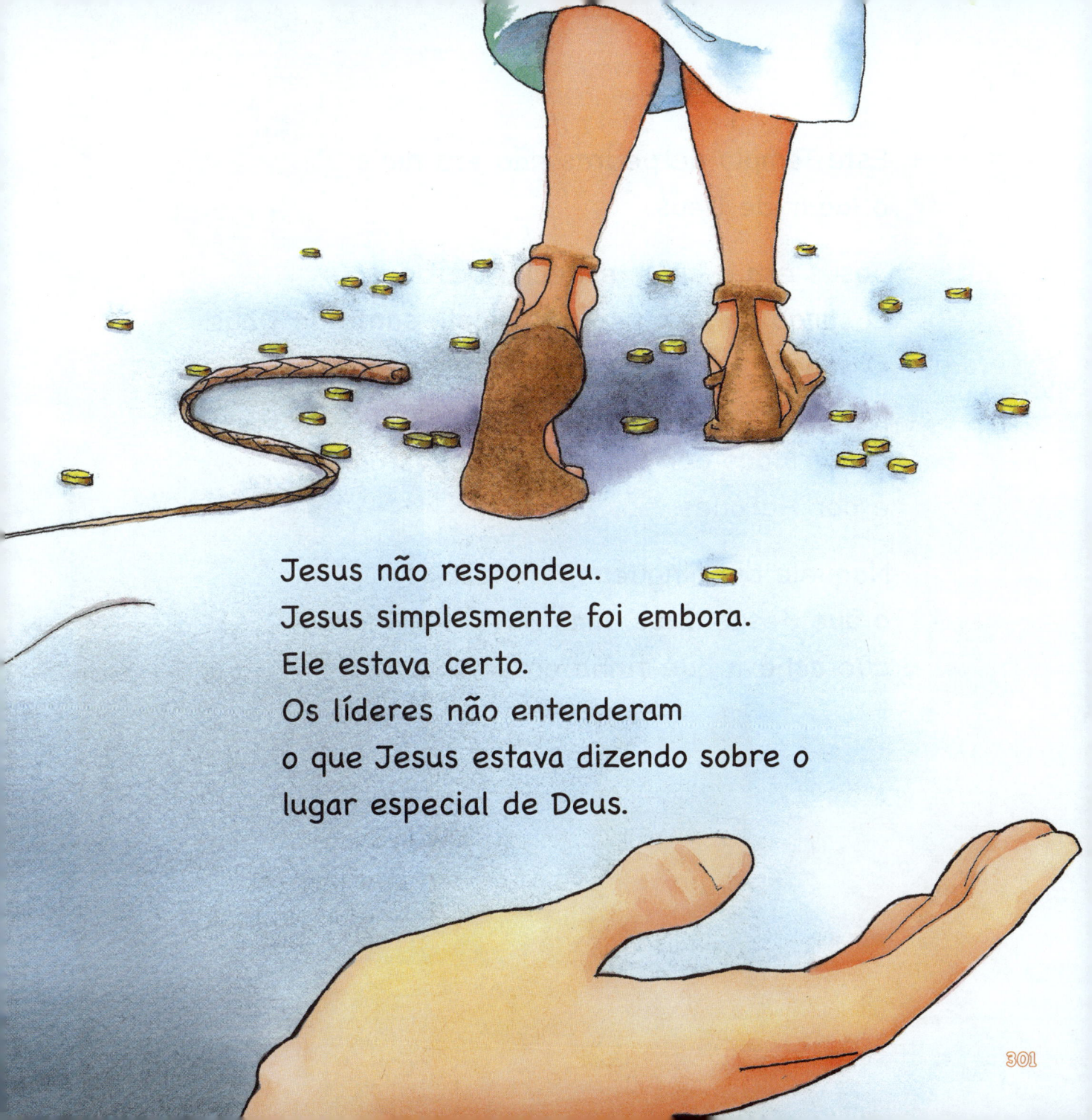

Jesus não respondeu.
Jesus simplesmente foi embora.
Ele estava certo.
Os líderes não entenderam
o que Jesus estava dizendo sobre o
lugar especial de Deus.

Este Templo de pedras não era mais
o lugar de Deus.

Jesus era o lugar especial de Deus.
O corpo de Jesus era o Templo santo de Deus.
O sangue de Jesus seria o pagamento
pelos pecados. Ele era melhor do que os lugares
construídos por Salomão, pelos israelitas
e por Herodes.

Naquele dia ninguém entendeu
o que Jesus disse, mas havia um homem
que achava que tinha entendido.

303

JESUS REVELA O REINO DE DEUS

Parte 17

Certa noite, quando a maioria das pessoas já estava dormindo, um homem caminhava pelas ruas de Jerusalém.

O nome deste homem era Nicodemos.
Você está vendo Nicodemos?
Ele era um dos líderes que gostava de Jesus.
Mas ele também achava que Jesus
estava errado.

Ele sabia
o que Jesus havia
feito no Templo
e queria falar
com Jesus para
lembrar Jesus de
que o Templo
era um lugar
importante que
fazia parte do
reino de Deus.

Finalmente ele encontrou a casa onde Jesus estava.

Jesus e Nicodemos se sentaram para conversar.

Nicodemos começou a falar:

—Nós sabemos que o senhor é um mestre que Deus enviou, pois ninguém pode fazer esses milagres se Deus não estiver com ele.

Jesus respondeu:

—Ninguém pode ver o Reino de Deus se não nascer de novo.

312

Nicodemos ficou surpreso.

—Como é que um homem velho
pode nascer de novo? Será que ele pode
voltar para a barriga da sua mãe
e nascer outra vez?

Então Jesus disse a Nicodemos que
ninguém pode entrar no reino de Deus
se não nascer de novo.
Nicodemos não entendeu.

Ele não poderia ver o reino de Deus
sem ser nascido de novo? Mas ele conseguia
ver o Templo de Deus. O Templo não era
um sinal do reino de Deus?

Ele não poderia entrar no reino de Deus
sem ser nascido de novo? Mas ele era
da família de Abraão. Isso não era um sinal
de que quando ele nasceu já havia
entrado no reino de Deus?

315

Jesus deu uma dica que estava
no livro santo de Deus sobre
o Espírito de Deus que traz nova vida.
Ele tentou ajudar Nicodemos a entender.

Jesus explicou que Nicodemos
não havia nascido no reino de Deus e
que na verdade era o reino de Deus que
precisava nascer em Nicodemos.

Mas, a parte triste é que Nicodemos era
um homem que ensinava sobre o livro
santo de Deus e mesmo assim
ainda não entendeu.

317

Ele saiu na noite escura muito confuso.
Mas alguns iriam entender o que Jesus disse.
Outros não iriam demorar tanto para
acreditar que Jesus foi enviado por Deus.
Outros entenderiam e iriam nascer de novo.

319

320

UM HOMEM CEGO É CURADO

Parte 18

Certo dia, enquanto Jesus caminhava ele viu um homem que nasceu cego — um homem que não conseguia enxergar.

Os discípulos de Jesus perguntaram:

—Por que este homem nasceu cego? Quem desobedeceu a Deus, ele ou os pais dele?

Jesus disse que o homem nasceu cego por outro motivo. Jesus disse aos discípulos que observassem aquilo que Deus o havia enviado para fazer.

Então os discípulos observaram enquanto...

325

Jesus foi até o homem cego e cuspiu no chão. Ele fez um pouco de lama com a saliva e colocou essa mistura nos olhos do homem cego. Então Jesus disse:

—Vá lavar o rosto no tanque de Siloé (que quer dizer "Enviado").

Então o homem foi e lavou o rosto.

E você sabe o que aconteceu?

Quando o homem
abriu seus olhos
ele estava enxergando!
Com este milagre Deus mostrou
a todos que Jesus foi enviado
para fazer a obra de Deus.

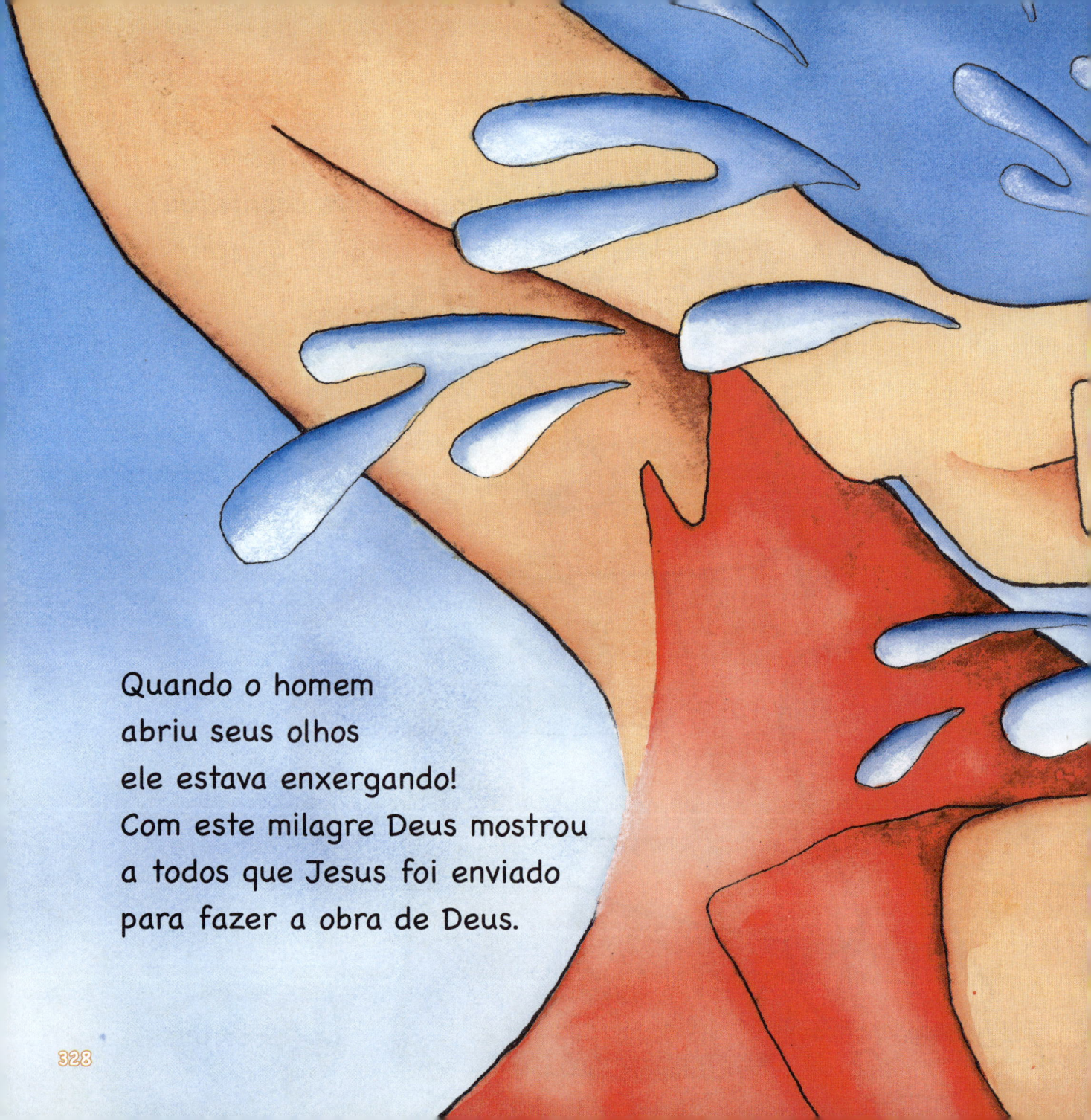

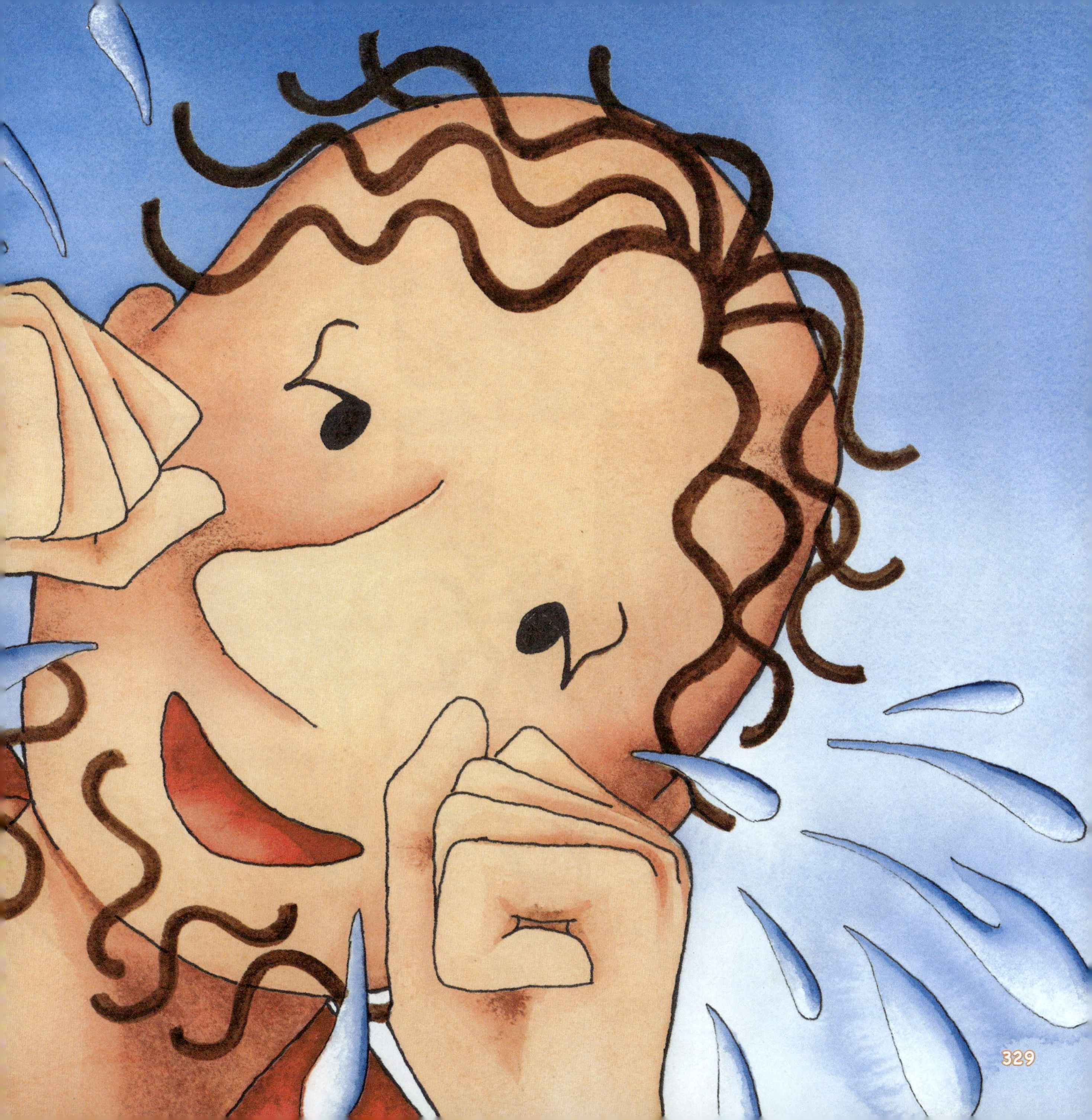

330

Depois disso alguns dos líderes
ouviram a história, mas
não acreditaram que Jesus
havia curado o homem cego.

Eles disseram sobre Jesus:

—Este homem não é de Deus.

Mas o homem que antes era cego sabia
muito bem que Jesus era enviado de Deus.
Isto deixou os líderes tão bravos que...

Eles expulsaram o homem
para fora do Templo.
Depois Jesus encontrou
o homem e lhe disse
que foi enviado por Deus
ao mundo para que
as pessoas vejam que Jesus
pode resgatar a todos
de seus pecados.

O homem que era cego
entendeu quem
Jesus realmente era
e ele acreditou.

333

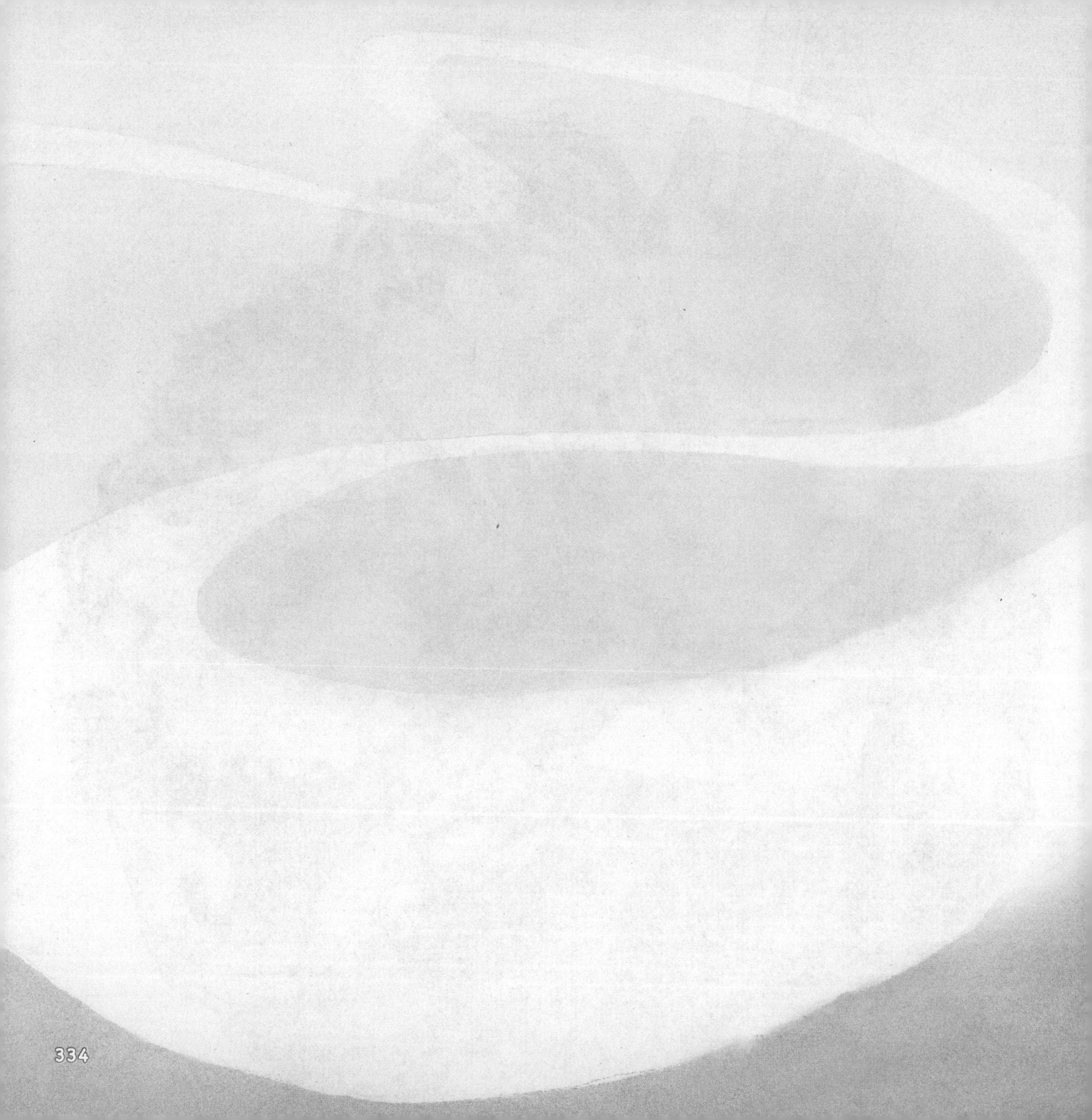

UM HOMEM MORTO VOLTA A VIVER

Parte 19

Um homem chamado Lázaro estava muito doente. Suas irmãs, Maria e Marta, sabiam que ele estava morrendo. Elas queriam que Jesus fosse curar Lázaro. Então mandaram chamar Jesus.

337

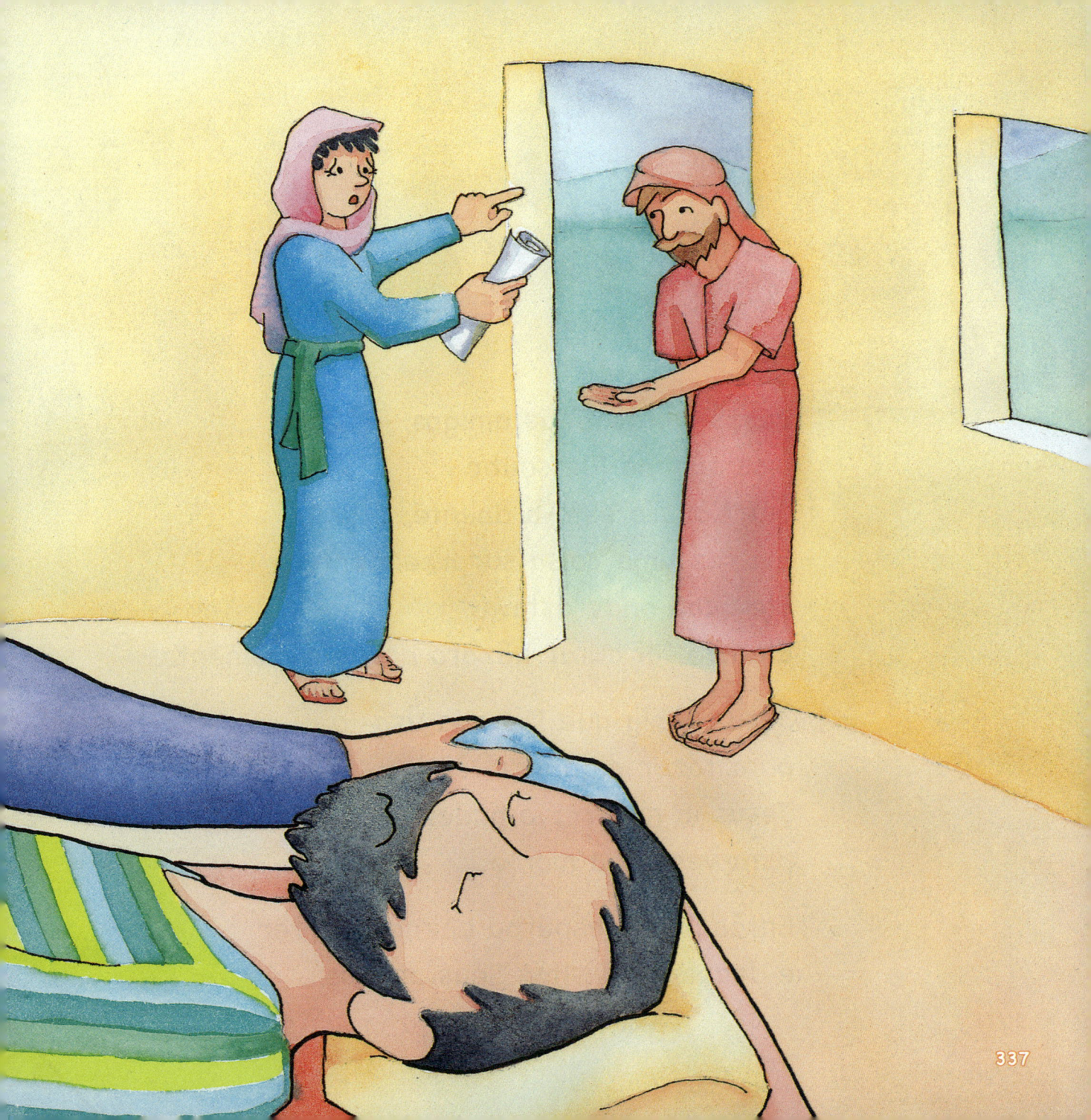

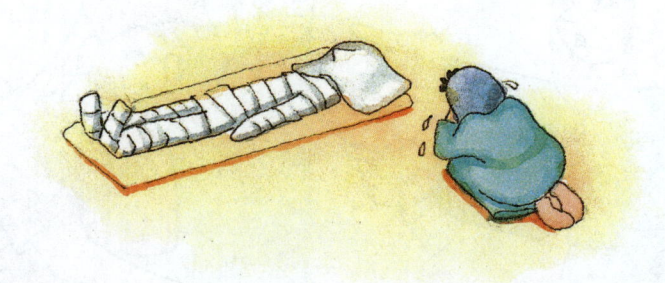

Jesus amava Seus amigos,
mas quando Ele soube
que Lázaro estava doente,
Ele fez uma coisa surpreendente.
Ele ficou onde estava.
Ele não foi curar Lázaro naquele momento.

Jesus sabia que Deus ia usá-lo
para fazer algo incrível.
Jesus ia mostrar o poder de Deus
para vencer a morte.

Então Jesus esperou Lázaro morrer
e depois foi visitar Seus amigos.

339

Quando Jesus chegou lá, Lázaro já estava em um túmulo por quatro dias.

Marta foi encontrar Jesus e disse:

—Se o Senhor estivesse aqui, o meu irmão não teria morrido!

Jesus respondeu:

—O seu irmão vai ressuscitar!
Eu sou a ressurreição
e a vida.
Quem crê em mim,
ainda que morra, viverá.
Você acredita nisso?

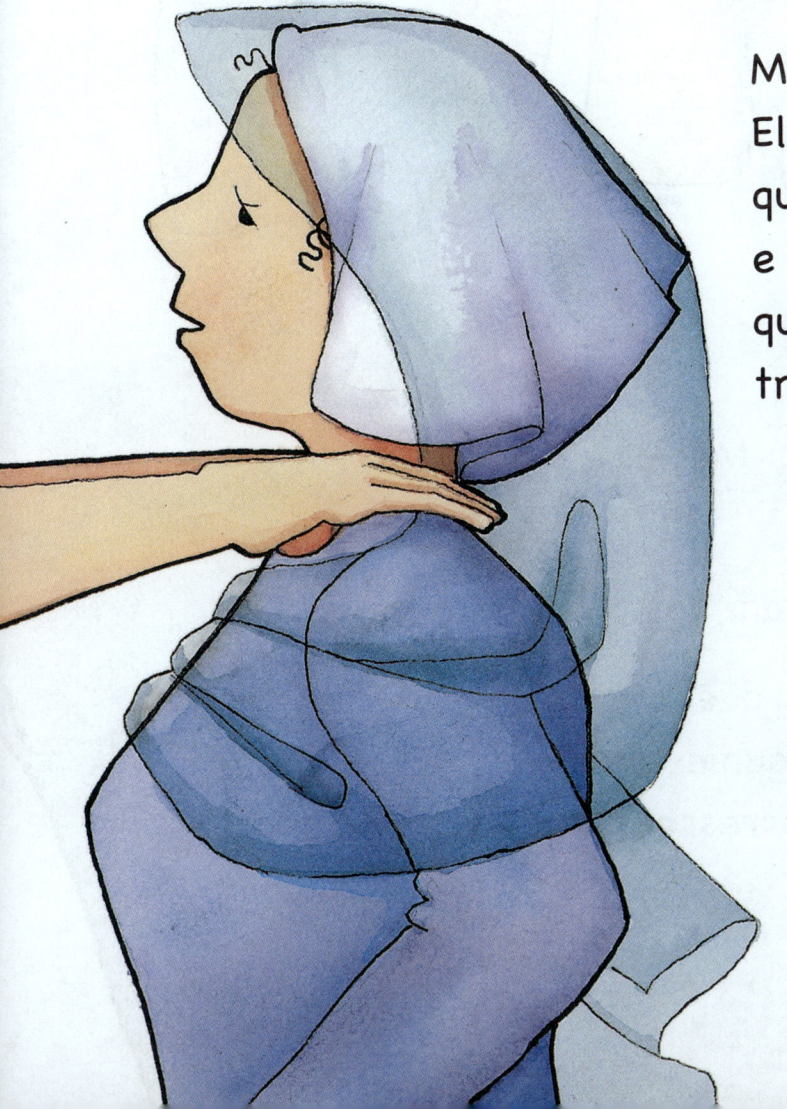

Marta disse que sim.
Ela acreditava
que Jesus era o Rei
e o Filho de Deus
que foi enviado para
trazer vida ao mundo.

Então Maria veio encontrar Jesus,
e Jesus a viu chorando.
Ele foi até o túmulo com Maria.
E Jesus também chorou.

Alguns que estava lá viram Jesus e disseram:

—Ele curou o cego. Será que
não poderia ter feito alguma coisa
para que Lázaro não morresse?

345

346

Eles não sabiam que Jesus
estava se preparando para mostrar a todos
que Deus o enviou para resgatar as pessoas
do pecado e da morte.

Jesus pediu que abrissem o túmulo.
Só depois disso Jesus caminhou
até o túmulo e orou:

—Pai, eu te agradeço porque me ouviste...
estou dizendo isso por causa de
toda esta gente que está aqui, para que
eles creiam que tu me enviaste.

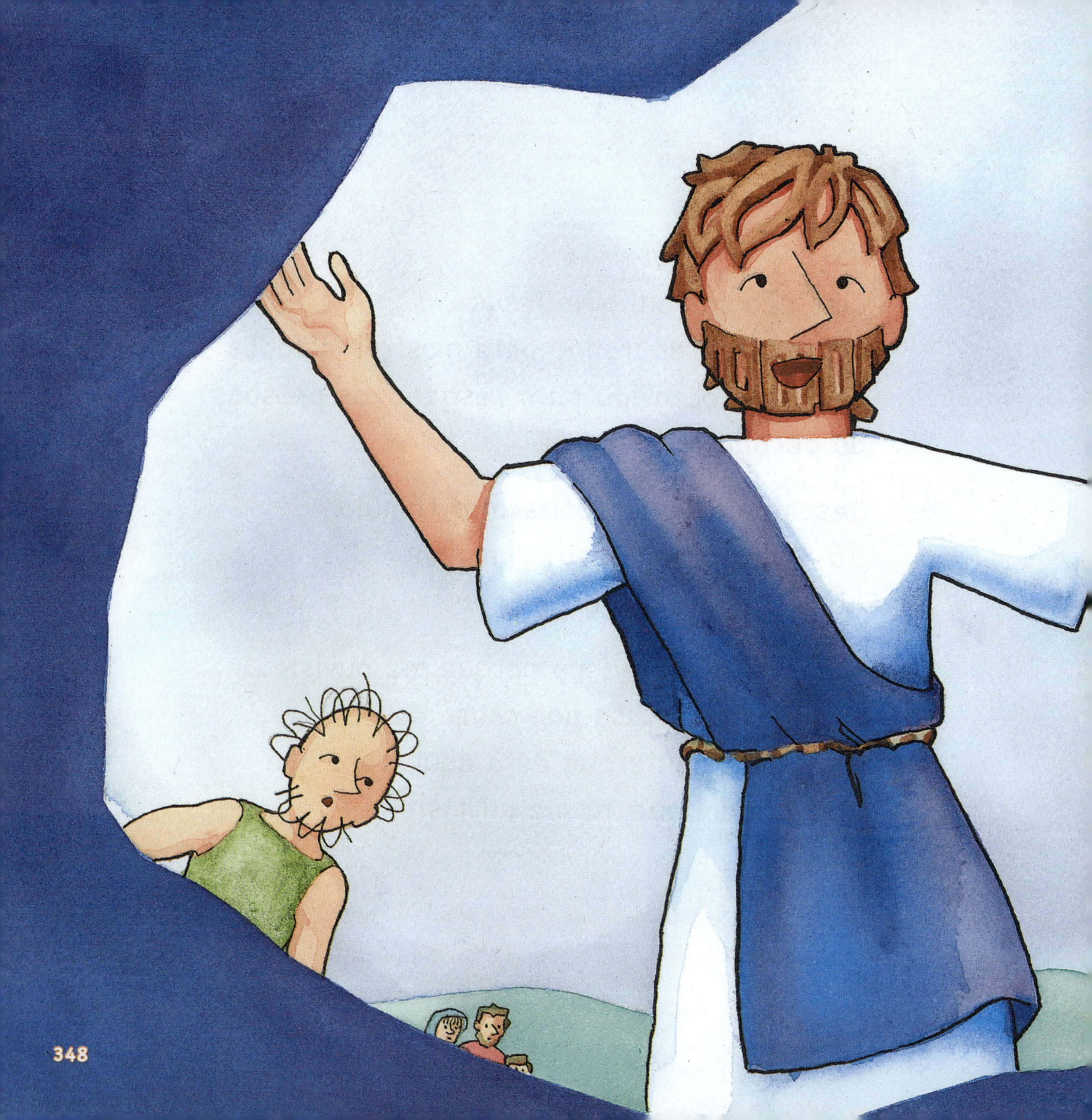

Então, com a voz muito alta, Jesus gritou:

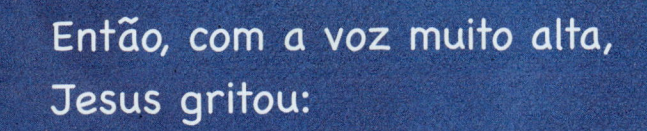

—Lázaro, venha para fora!

E você sabe o que aconteceu?

Deus respondeu
à oração de Jesus!

Lázaro saiu.
Ele estava vivo.
Um homem morto estava
vivo outra vez.

Jesus mostrou às pessoas
que o Espírito Santo tem poder
para trazer vida nova.

351

Naquele dia, muitas pessoas acreditaram em Jesus.

As pessoas acreditaram que:

Aquele era o homem que ia resgatar o povo de Deus.
Aquele era o homem que se tornou o lugar de Deus.
Aquele era o homem que domina até a morte e pode trazer a bênção de Deus a todos os povos da Terra.

O povo estava pronto para aceitar Jesus como Rei!

Mas isso deixou
os líderes bravos.
Eles ficaram
com inveja de Jesus.

Eles odiavam Jesus
e não queriam que
Ele fosse o Rei deles.

Eles decidiram que agora era a hora.

Eles iam matar Jesus o mais rápido possível.

Jesus sabia que
Sua hora estava chegando.
Logo Ele seria Rei!

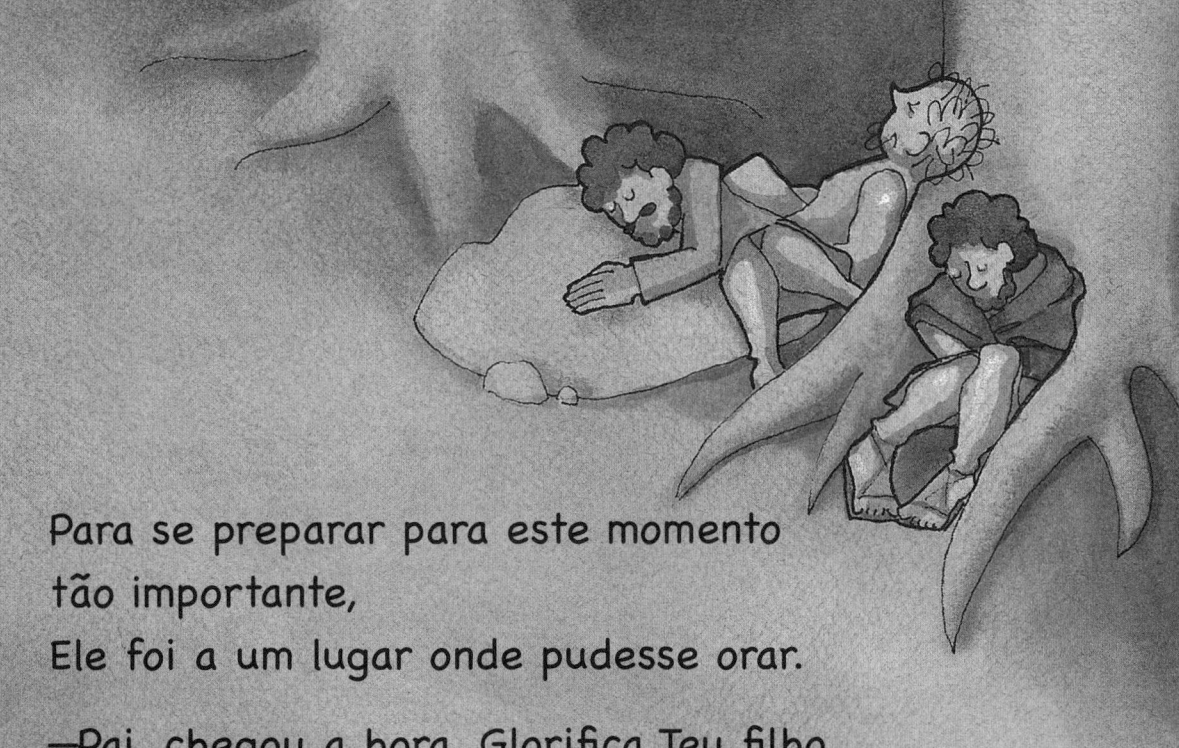

Para se preparar para este momento
tão importante,
Ele foi a um lugar onde pudesse orar.

—Pai, chegou a hora. Glorifica Teu filho.

Jesus orou muito.
Mas os discípulos estavam cansados
e eles dormiram enquanto Jesus orava.

Quando Jesus terminou de orar Ele acordou
os discípulos.

Ele disse aos discípulos que a hora dele havia
chegado. E bem nesse momento...

Algumas pessoas que odiavam Jesus marcharam até encontrá-lo. E levaram soldados junto com elas.

Estes homens não acreditavam que Jesus era o Rei eterno de Deus. Eles amarraram as mãos de Jesus e o prenderam.

Os seguidores de Jesus fugiram.

Os soldados e alguns líderes
levaram Jesus a um lugar
onde eles bateram no rosto de Jesus.

Eles levaram Jesus para Pilatos,
um governador romano, e disseram:

—Jesus está tentando se tornar rei!
Um criminoso como Ele
tem que morrer. Ele não pode
ser rei. Nós preferimos
ter o governo de Roma do que
o governo deste falso rei.

—Pilatos, crucifique Jesus!

363

Pilatos falou com Jesus. Ele perguntou a Jesus:

—Você é o Rei?

Jesus respondeu:

—O meu reino não é deste mundo!

Pilatos não achou que Jesus
estivesse causando problemas.
Pilatos achou que Jesus
não era uma ameaça para
o governo romano.

Talvez Pilatos tenha pensado:

*Se eu mostrar a todos que
estou no controle da situação,
eles vão soltar Jesus.*

Então...

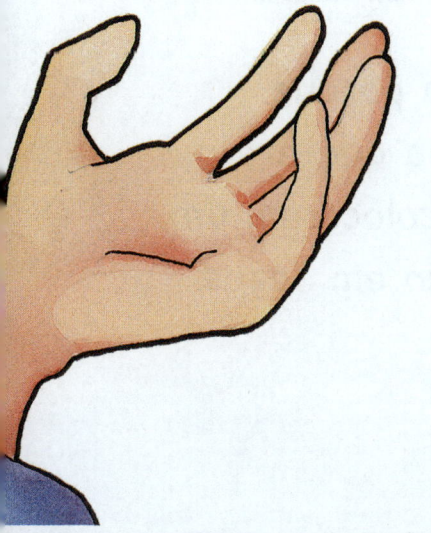

Pilatos mandou espancarem Jesus. Os soldados chicotearam Jesus muitas vezes.

Eles riram porque Jesus dizia que era o Rei. Eles colocaram um manto roxo em Jesus.

Eles fizeram uma coroa de espinhos e colocaram na cabeça de Jesus.

Eles deram socos em Jesus e zombaram dele:

—Salve, o Rei dos judeus!

Então Pilatos tentou soltar Jesus.

Mas as pessoas só gritavam mais alto.

Elas queriam matar Jesus.

Elas disseram a Pilatos que a hora havia chegado.

Então Pilatos decidiu mandar matar Jesus.

Pilatos só se preocupou com ele mesmo.

E então...

369

370

Em uma colina
fora da cidade de Jerusalém,
Jesus foi pregado em uma cruz
e morreu.

OS SEGUIDORES DE JESUS SE SENTEM PERDIDOS NA ESCURIDÃO

Parte 21

Escuridão encheu a terra.

Jesus estava morto.

Ele foi enterrado em um túmulo.

Uma grande pedra foi colocada
na entrada do túmulo,
e as pessoas foram para casa.

Para os seguidores de Jesus,
depois daquele dia escuro,
veio uma longa noite.

As horas passavam muito devagar.

Os amigos de Jesus choravam.

Eles pensaram que Jesus era o Rei.

Mas agora o coração deles
estava cheio de tristeza
e a mente deles cheia de medo.

375

—O que aconteceu?

—Por que Jesus teve que morrer?

—Jesus não era o Rei eterno de Deus?

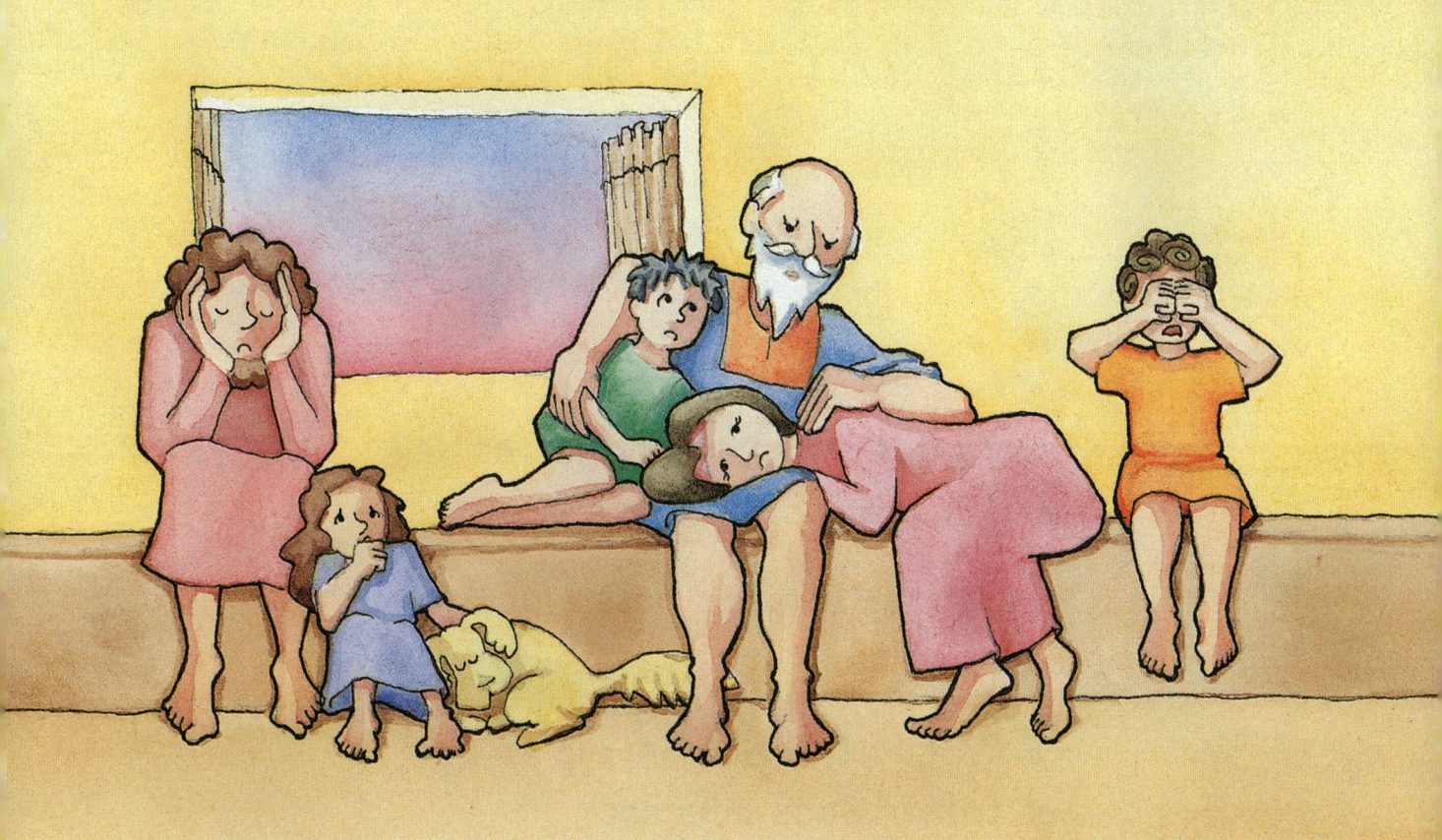

Eles tinham muitas perguntas.
E o dia seguinte passou e virou noite.

Os seguidores de Jesus
tentavam dormir e pensavam:
Vamos ficar tristes para sempre.

—Será que Deus algum dia vai resgatar Seu *povo* do pecado?

—Será que teremos nosso *lugar de descanso* com Ele?

—Será que Deus algum dia vai trazer Suas bênçãos a *todos os povos da Terra*?

379

UM NOVO DIA

Parte 22

382

Já era o terceiro dia
depois da morte de Jesus na cruz.
O sol não tinha nascido.

Uma mulher, chamada Maria Madalena,
não conseguia dormir.

Ela acreditava em Jesus
e achou que Ele era o Rei.

Ela levantou bem cedo da cama,
ainda estava escuro, e foi até
o túmulo onde Jesus foi sepultado.

Quando ela estava chegando, ela foi ficando ansiosa e sentiu medo.

A grande pedra que colocaram na entrada do túmulo não estava mais lá.

O túmulo de Jesus estava aberto e vazio.

Ela se virou e saiu correndo sem parar.

385

386

Quando Maria viu dois seguidores
de Jesus, ela respirou fundo e gritou:

—Tiraram o Senhor do túmulo.

Os amigos de Maria correram até o túmulo. Olharam por todos os lados, entraram no túmulo, mas o corpo de Jesus não estava lá.

Enquanto voltavam para casa ficaram imaginando o que podia ter acontecido.

Naquela noite...

Alguns dos seguidores de Jesus se encontraram.
Eles estavam com medo e trancaram as portas.

De repente, Jesus entrou e ficou ali de pé no meio de todos eles! No começo, Seus seguidores ficaram assustados, mas depois o medo deles virou alegria.

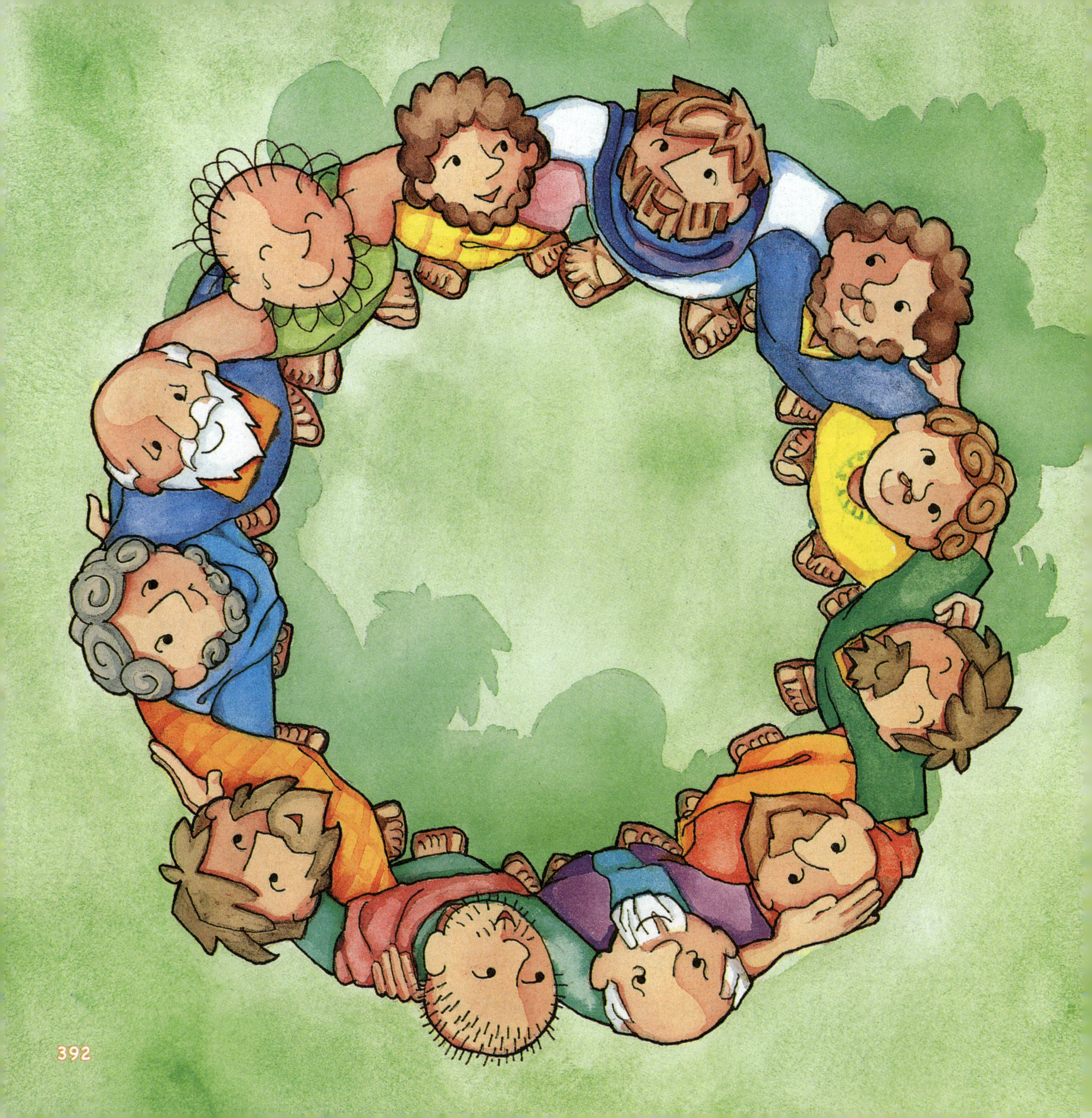

A tristeza que eles
estavam sentindo foi embora.
O coração deles ficou
alegre de novo.

Jesus estava vivo.

Jesus estava vivo mesmo.

Jesus ressuscitou dos mortos.

O Filho tinha ressuscitado!

Era um novo dia.

A tristeza que eu
estava sentindo foi embora.
O coração dele ficou
alegre de novo.

— Jesus estava vivo.

Jesus estava vivo mesmo.
Jesus ressuscitou dos mortos.
O Filho havia ressuscitado!

EXPLICANDO A PROMESSA DE DEUS

Parte 23

Os seguidores de Jesus nem conseguiam acreditar.

—Nós vimos o Senhor!

Eles estavam cheios de alegria, mas não entenderam tudo o que estava acontecendo.

Eles estavam vendo Jesus, mas não entenderam que Jesus havia ressuscitado dos mortos.

Então...

Jesus abriu o santo livro de Deus
que tinha sido escrito
muitos anos atrás.

Ele começou lendo os livros
de Moisés e depois dos Profetas
e por último os Salmos.
Jesus mostrou tudo o que
estava escrito sobre Ele.

399

400

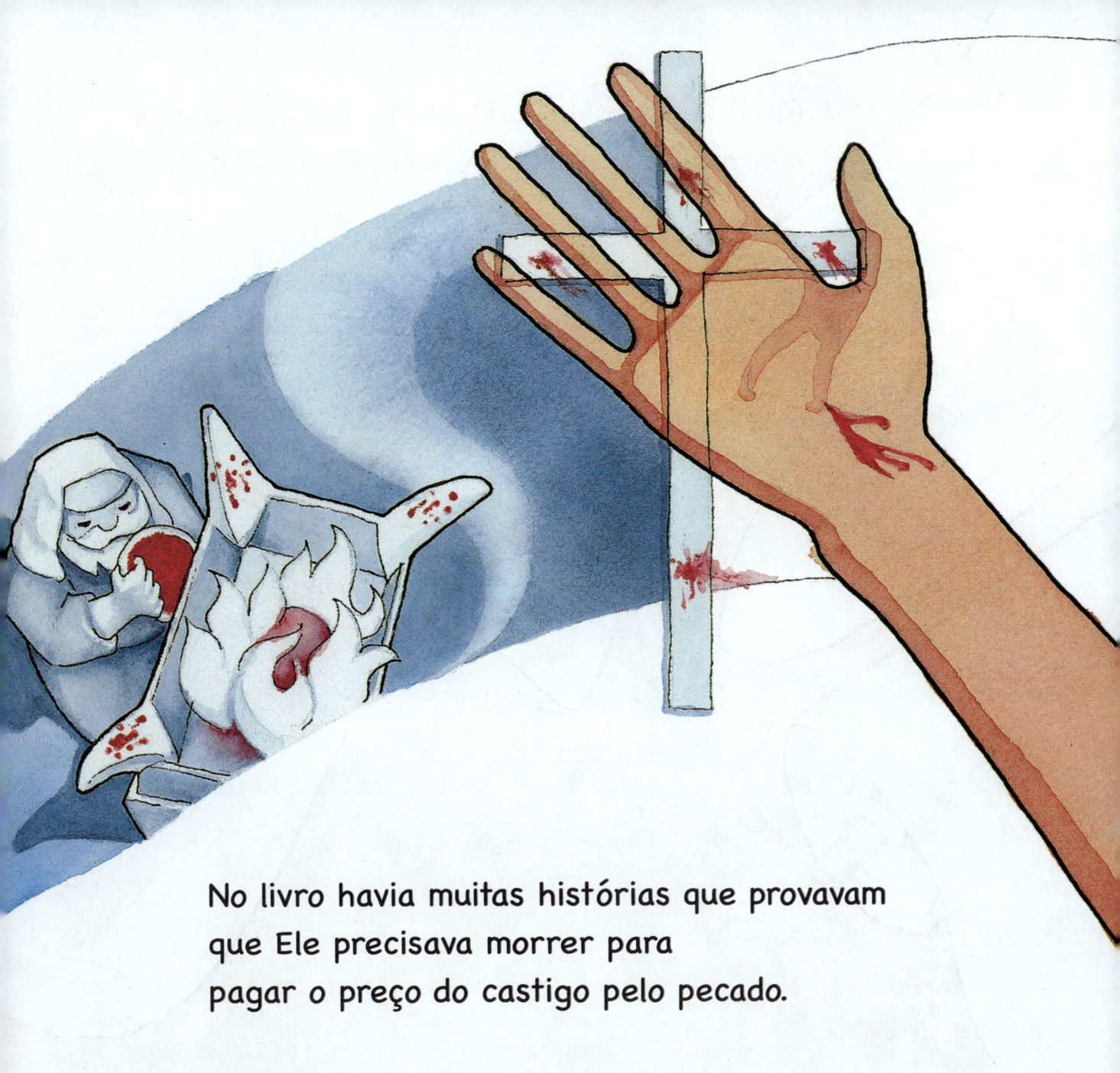

No livro havia muitas histórias que provavam que Ele precisava morrer para pagar o preço do castigo pelo pecado.

Neste livro havia também muitas mensagens que prometiam que Ele iria ressuscitar.

403

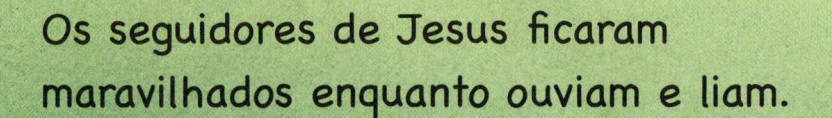

Os seguidores de Jesus ficaram maravilhados enquanto ouviam e liam.

Antes eles disseram:

—Nós vimos o Senhor!

Mas agora eles podiam ler o santo livro de Deus e dizer:

—Neste livro nós vemos o Senhor ainda melhor!

Jesus ensinou Seus seguidores com muito cuidado, porque sabia que estava chegando o dia em que as pessoas não poderiam mais ver Jesus com seus olhos.

Em vez de ver Jesus elas iriam ler sobre Ele.

Ele sabia que o santo livro de Deus iria ajudar outros a acreditar e dizer:

—Nós vimos o Senhor!

E essas pessoas também iriam ficar cheias de alegria.

407

Você está vendo o Senhor?

Por toda história de Israel
— uma história difícil e também
feliz — vemos dicas sobre
o Rei eterno de Deus.

O NOVO REINO DE DEUS SE ESPALHA

Parte 24

Durante 40 dias depois de ressuscitar Jesus ensinou sobre o reino de Deus.

Ele disse a Seus seguidores que eles tinham o trabalho do reino para fazer.

Ele disse que apesar de precisar ir embora por um tempo, eles precisavam esperar por um presente que Ele enviaria para ajudá-los a fazer esse trabalho.

413

414

E de repente Jesus desapareceu. Ele subiu até o céu, sentou em Seu trono e começou seu governo como Rei.

Seus seguidores voltaram a Jerusalém e esperaram.

Eles esperaram, esperaram pelo presente que Jesus prometeu.

Dez dias se passaram, e...

Então eles ouviram alguma coisa. Era um barulho alto como um vento soprando. Vinha do céu e encheu todo o lugar.

E eles viram algo. Pequenas chamas de fogo estavam flutuando e ficaram em cima de cada um deles.

Depois disso, eles começaram a dizer algumas coisas. Eles estavam louvando a Deus em línguas que nunca aprenderam a falar.

O presente prometido, o Espírito Santo, havia chegado!

Outras pessoas também ouviram o vento e as vozes. Mas elas não reconheceram o Espírito Santo. E elas acharam que os seguidores de Jesus estavam bêbados.

Pedro começou a falar em voz alta:

—Estas pessoas não estão bêbadas, como vocês estão pensando...

Ele falou sobre os profetas que disseram que Deus iria enviar Seu Espírito. Ele falou sobre a morte de Jesus e sobre como Deus o ressuscitou. Ele disse a eles que se arrependessem e acreditassem no Rei eterno de Deus.

420

Esta boa notícia entrou no coração das pessoas. Muitas confessaram seus pecados e acreditaram em Deus. Nesse dia especial, o Espírito de Deus deu vida nova a muitos. O povo de Deus estava aumentando de novo!

E as notícias boas do reino de Deus se espalhavam e muitas outras pessoas se arrependiam e acreditavam no Rei eterno de Deus.

As notícias boas se espalharam, se espalharam e se espalharam! A palavra que foi pregada em Jerusalém e se espalhou por vários lugares.

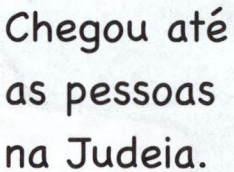

Chegou até as pessoas na Judeia.

Chegou até as pessoas
em Samaria também.

Mais tarde o apóstolo Paulo
levou essa Palavra
até Roma.

Longe e perto, pessoas de
todas as nações estavam começando
a seguir Jesus como Rei.

CARTAS QUE ENSINAM A VIVER

Parte 25

Veja todas estas pessoas!

Mulheres e homens, meninas e meninos, jovens e velhos de muitas nações diferentes decidiram seguir Jesus como Rei.

O povo de Deus estava aumentando. Mas como a fé dessas pessoas também iria aumentar?

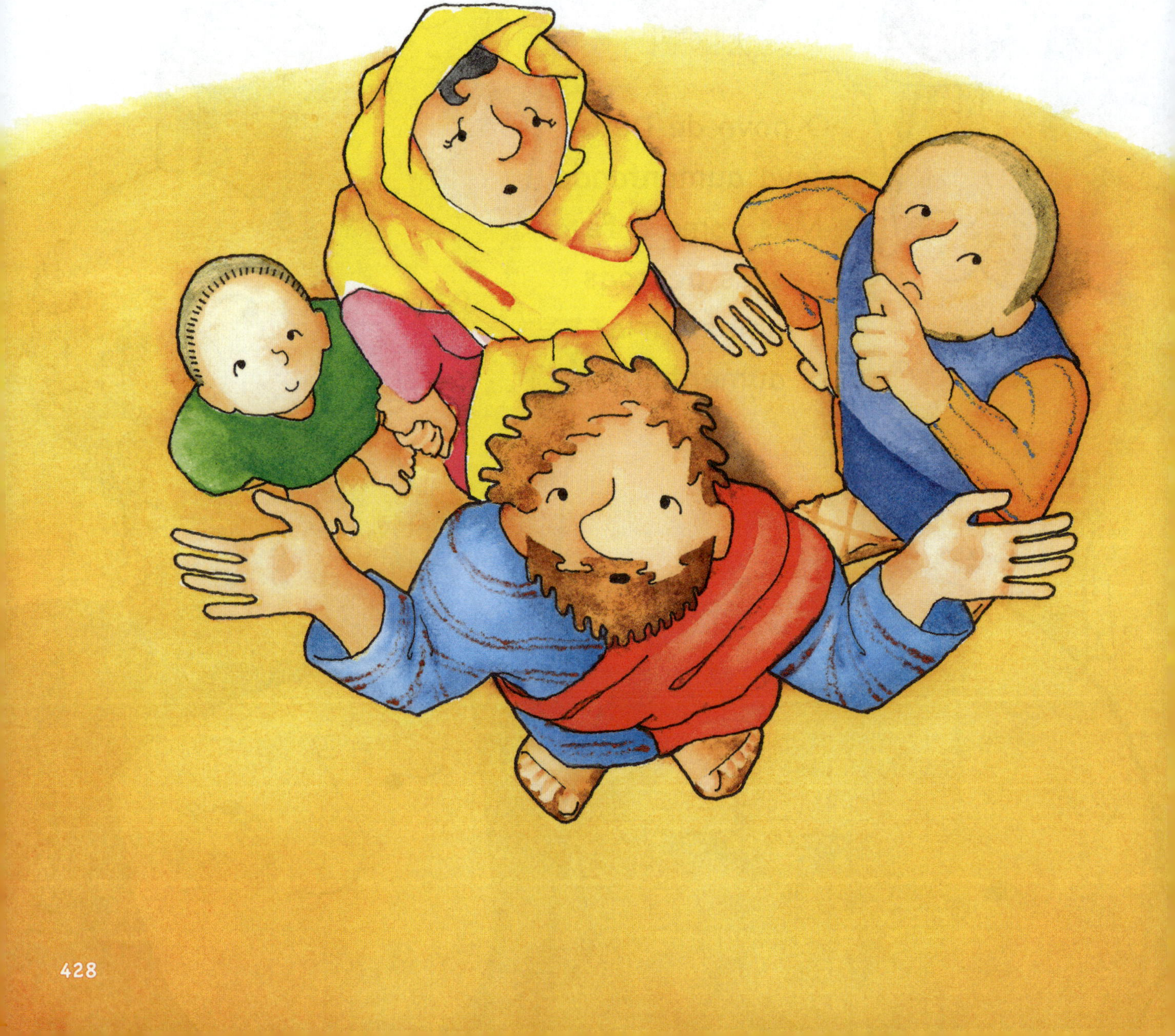

Eles não viram o rosto de Jesus.

Eles não falaram com Jesus nem ouviram Jesus ensinar.

E as pessoas que estiveram
perto de Jesus não podiam ficar com eles
o tempo todo.

Como o povo de Deus saberia
o que fazer?

Deus sabia o que fazer para ajudar Seu povo!

Deus escolheu alguns dos seguidores mais especiais de Jesus para escrever cartas que iriam completar o santo livro de Deus.

Estas cartas diziam ao povo de Deus: "Lembrem-se de não abandonar a mensagem. Continuem acreditando em Jesus! Amem todos como se fossem sua família. Perdoem a todos. Tenham cuidado! Não deixem as pessoas enganarem vocês. Fujam do pecado. Aguentem as dificuldades. E esperem a volta de Jesus."

431

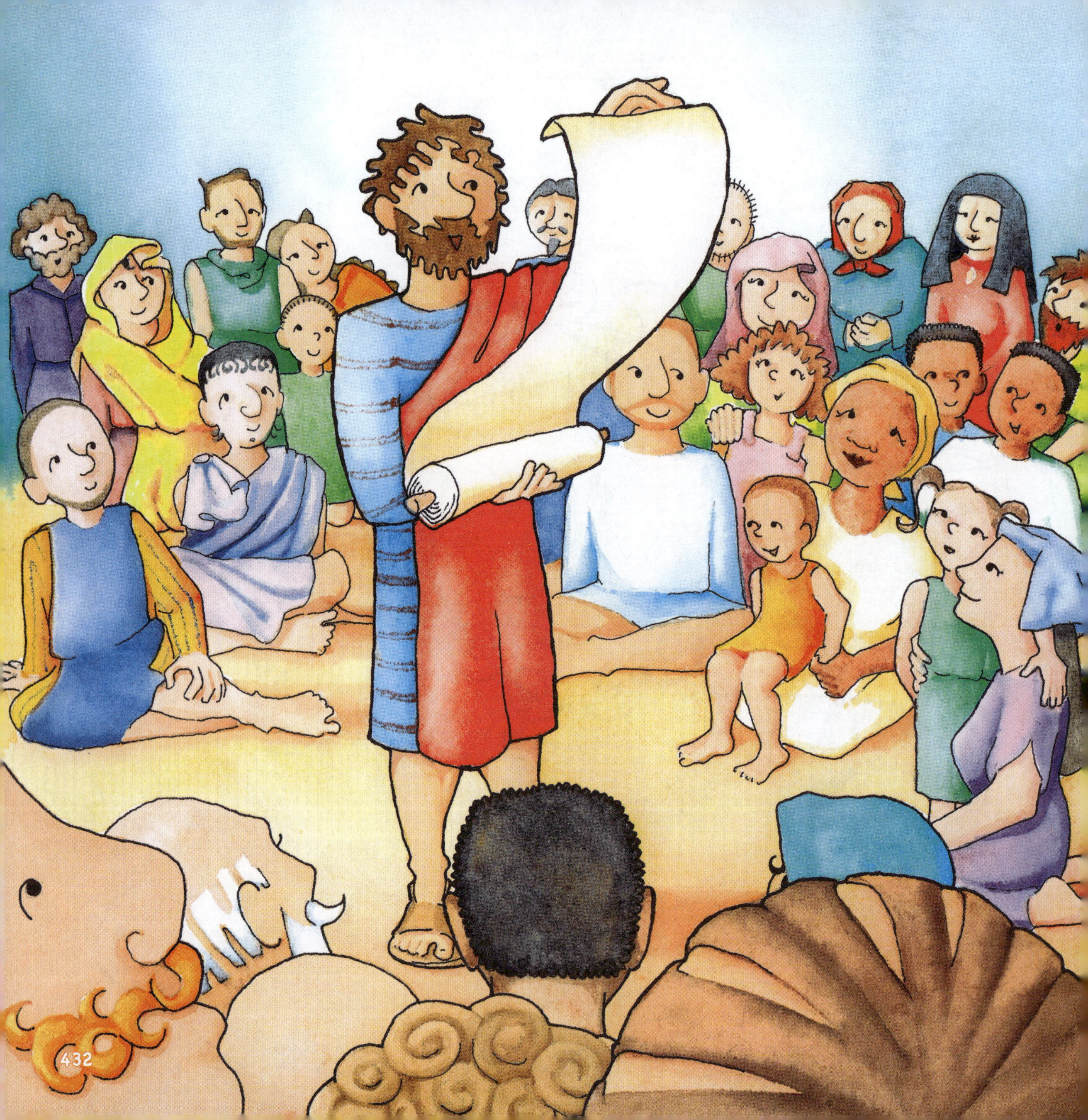

Em todo lugar até onde o
reino de Deus chegou,
estas cartas também chegaram.
Elas ajudavam o povo de Deus
a ter mais fé. Elas faziam a
Igreja do Senhor, ainda tão nova,
ficar mais forte.

434

O FINAL MUITO FELIZ

Parte 26

436

Você está vendo
este homem escrevendo?

O nome dele é João.
Muito tempo atrás ele
correu com Pedro até o
túmulo de Jesus que estava vazio.
Depois ele viajou
para muito longe falando
a todos sobre o reino de Deus.
Mas agora João já está
muito velho.

Ele já não pode viajar muito
para falar com as pessoas.
E as pessoas que não acreditaram
na mensagem de João
não deixaram ele viajar mais.

Elas prenderam João.

Mas Deus tinha uma surpresa para João. Ainda havia mais um lugar aonde ele precisava ir.

Certo dia, sem aviso nenhum,

Deus deixou João dar uma espiadinha no futuro!

João não estava mais na prisão que ficava na ilha. Ele teve uma visão e viajou para o céu.

Um anjo mostrou
muitas coisas a João.
João viu a sala santa de Deus
e o trono onde Jesus
está sentado.

Ele viu o lugar onde está o inferno para todos os que rejeitarem Jesus como Rei de Deus. Ele até viu Satanás sendo destruído para sempre!

Além disso ele viu...

442

Um novo céu e uma nova Terra.

E então ouviu algo maravilhoso.
Uma voz muito alta veio do trono e disse:

—Agora a morada de Deus está entre os seres humanos! Deus vai morar com eles, e eles serão os povos dele... Ele enxugará dos olhos deles todas as lágrimas.
Não haverá mais morte, nem tristeza, nem choro, nem dor. As coisas velhas já passaram... Agora faço novas todas as coisas... Escreva isto, pois estas palavras são verdadeiras e merecem confiança.

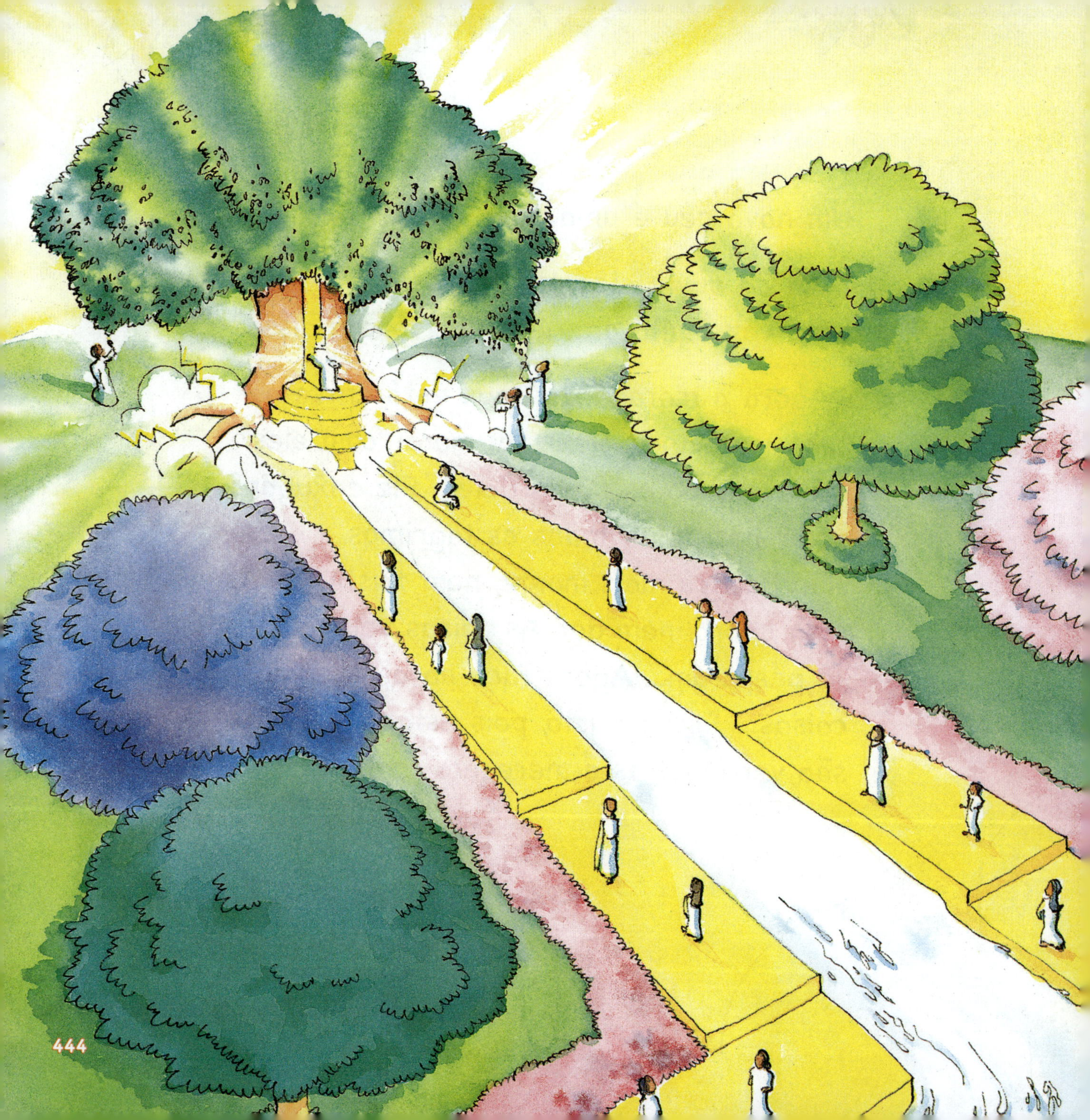

Depois de ouvir isto,
João viu um jardim dentro de uma cidade.
Um rio transparente como cristal
fluía do trono e dos dois lados do rio
havia a árvore a da vida.

E então...

João acordou de sua visão.
João sorriu. João sabia.
Todas as promessas de Deus, todas as coisas
que Jesus disse muito anos atrás
eram verdade!

O velhinho queria escrever tudo e nem conseguia escrever muito rápido. Ele havia visto o final tão feliz que todos terão. Todos os que seguem Jesus como Rei.

O povo eterno de Deus
um dia vai morar
no lugar eterno de Deus
e Deus vai
governar eternamente.

449

Você acredita nisso?

Amém! Venha, Senhor Jesus!

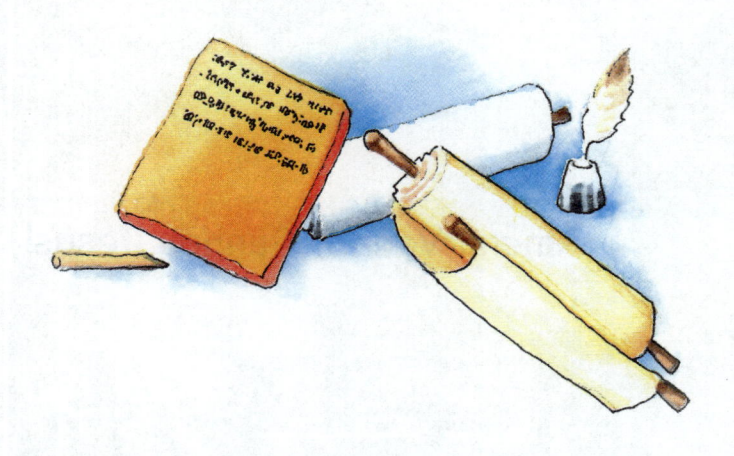